3ヶ月で自然と月5万円

稼げるようになる

世界一やさしい
プチ起業
の教科書

ライフコーチ
プチ起業コーチ
上野ハジメ
Hajime Ueno

プレジデント社

はじめに——3ヶ月で「月にあと5万円あったら」が叶う本

「あと5万円あったら、生活が楽になるのに」

「子どもに好きな習い事をさせてあげられるのに」

「自分の自由に使えるお金が増えるのに」


ライフコーチをしている私のところには、このような悩みが多く寄せられます。

皆さん、毎日、一生懸命に働いて、お金を貯めてやりくりしているようなのですが、このような悩みを聞かされると、こちらまで心が苦しくなってしまいます。

「40歳も過ぎると、なかなかパートですら見つからないんです」

「あっても、膝をついたり、重いものを持ったり、立ち仕事とかしかなくて……」


働き先が見つかったとしても、パートだと月の手取りも5万～6万円がいいところ。「それだったら、起業したほうがはるかに楽ですよ」とおすすめしているのです。

会社を作るなど、資金を集めて大きなプロジェクトを起こすのではなく、「たった一人で」「うちにいながら」「オンラインで」仕事ができる。物販や投資のように元手もかからず、時間と場所も自由。パソコンとスマホがあれば誰でもできる、**知識やスキルを教えることで対価をいただく、月5万円からのお小遣い稼ぎ的な「プチ起業」**です。

あらためまして、私はアメリカ・テキサス州在住のライフコーチ／起業コーチ、上野ハジメです。ライフコーチとは、自分らしくイキイキと輝く未来を実現したい人を手助けする案内人のような役割。アメリカでは、何段階も上のステージに飛躍していくために、多くの人がコーチをつけて、変化への挑戦を伴走してもらうことで現実化しています。

この本は経済的に楽になりたい会社員や主婦が、起業、それも大それたことではなく、自宅で得意なことを人に教えるような「プチ起業」をして、自然と月に5万円、稼げるようになるお手伝いをする本です。なぜ、このようなことが可能となるのか、最初に説明いたします。

人は、それぞれ得意なことや、人より少し詳しい知識などを持っています。自分では当たり前で気づきにくいのですが、習い事や趣味、仕事で担当してきたことなど、いろいろな場所にヒントは隠されているものです。

ビジネスの基本は、お悩み解決。あなたの知識やスキルを必要としている人は、必ず存在します。SNSを上手に利用して「あなたの得意」と「必要としている人」をマッチングさせていけば、そこにビジネスチャンスが生まれます。

時間を切り売りするのではなく、セミナーや講座、個別セッションなど、さまざまな形でノウハウやスキルを提供するだけで、あなたは感謝されながら報酬をいただくことができるというわけです。

なぜ、このようなことを私が提案するのか、簡単な自己紹介をします。

1962年生まれ、14歳の頃に自分がゲイだと気づいた私は、まだLGBTなどという言葉すらない時代、カミングアウトもできず、暗い青春時代を過ごしました。

ハリウッド映画で見るアメリカは、いつも明るく陽気で開放的。どんな悩みも笑顔で乗り越えてしまうような逞しい文化に魅せられて、いつかはアメリカに移住したいと憧れていました。

チャンスはバブルが弾けた後の１９９４年に訪れます。たまたま遊びに行ったハワイで知り合った現パートナーと遠距離恋愛の末、彼を頼ってハワイへ移住することになったのです。

ハワイの大学院でＭＢＡを取得、日本の広告業界での10年間働いていた経験も評価されて、地元のマーケティング会社で副社長として採用されました。さらに、ハワイ旅行好きを対象とした情報メディアを運営するスタートアップの社長兼編集長に抜擢されることにもなったのです。

リーマンショック後、２０１０年前後からは、アメリカではオンライン起業家が爆発的に増えていました。書くことも、ネット関連の作業も得意だった私は、いつかは自分も自宅から働けるように起業することを夢見て、ＮＬＰマスタープラクティショナーの資格を取得。

2014年にようやくオンライン起業家として独立を果たしたときには、52歳になっていました。

日本ではまだまだライフコーチという名称が新しく、苦労しながらも、一人、二人とクライアントを増やしていきました。

新型コロナウイルス感染拡大以降、多くの方が自宅などで学ぶようになってからは、需要とマッチしたのか、コーチングや起業塾の運営で、月商1700万円を超えたりするほどに、ビジネスも順調に発展していったのです。

2021年には、月にあと5万円あったらを実現するプチ起業塾「マイベイビーステップ」を創設。わずか3ヶ月で、オンライン起業に必要な事柄を、すべて学べるプログラムを構築しました。

以来、延べ200名を超える「ベイビー」受講生が参加し、ビジネスの基礎固めを徹底指導してきました。中には、月に5万円どころか、20万円、50万円、あるいは100万円を超える売上を上げる人も現れるなど、独自のカリキュラムが功を奏し、自信を持って自立して稼ぐ本物の起業家が育っています。

お金やコネ、知識がなくても大丈夫「プチ起業」で人生が変わります

ハワイ移住した1990年代半ばから、アメリカで盛んに言われ始めた言葉がありました。それは、「女性のエンパワメント（能力を最大限に発揮すること、そのための環境を整えること）」と「ダイバーシティ（多様性）」です。

実際、ハワイのマーケティング業界や旅行業界の集まりに参加すると、多いときには9割が女性ということもあるほど、女性の社会進出は当たり前に進んでいました。出産の前日までオフィスで働き、出産後1週間で職場へ戻ってきた同僚もいました。

「すごいな、アメリカの女性たちは！」

それから25年ほどしてから、ライフコーチとして独立して、日本在住の女性たちの話を聞いていると、あまりにも旧態依然として、水面下での性差別や、表立っての年齢差別が横行していることに驚愕しました。

そして、それを疑問に思わなかったり、「しょうがないこと」と最初から諦めたりしている女性が多いことも、残念でなりませんでした。

「ゲイである私を、1ミリの差別も区別もなく受け入れてくれたアメリカ社会の当たり前を、日本にも伝えたい。そして、本当の意味で、女性たちのエンパワメントを応援したい」

私は心から、そう思いました。

活躍の場も与えられず、自信をなくした彼女たちは、「起業なんてとんでもない」と拒否反応を示すこともあります。

しかし、そんな彼女たちでも、月5万円のプチ起業ならば、抵抗がなくなるかもしれない。「もしかしたら、自分にもできるのかも」と、期待を膨らませ、未来への希望を芽生えさせて、人生のセカンドステージに花を咲かせるために、立ち上がっていけるかもしれない。

そんなかすかな期待から、「お金もない」「コネもない」「知識もない」「スキルもない」、そんな40歳以上の女性たちでも始められる、最も簡単な起業の方法を考案し、教え始めた途端、大人気の講座になりました。

アメリカに住んでもうすぐ30年、インターネットビジネスに携わってからも24年。社長・編集長をしていた会社は、いずれも女性社員が9割。そして、コーチングのクライアントもほぼ100％が女性です。

私自身がマイノリティであることも手伝ってか、ゲイとしての特別な資質が何かあるのか、よくわかりませんが、女性に教えること、女性を導くことにおいては、定評をいただいてきました。これまでに1万人以上の方をセミナーや講座で見てきましたが、テクニカルなことも、伝え方を心得れば、すんなり習得できるものです。

ライフコーチのクライアントにも、「なぜ私を選んだのか?」と聞くと、「ゲイだから話しやすくて」と答えられることが実に多くて驚いたものです。おかげで、ゲイに生まれたことは、私に与えられたギフトだと感じるようにもなりました。

日本の男性中心のビジネス現場で、必死にもがいている彼女たちの真のエンパワメントとなるように、稼ぐ知恵とスキルを授けたい。自分ができることで、人から感謝されて、心から充実して輝いてほしい。

「プチ起業」はそのための最高の武器であり、彼女たちを望む未来へと運んでいく、シンデレラのかぼちゃの馬車のようなものだと信じています。

起業、そしてビジネスの本質をすべてお伝えします

コロナ禍では、多くの日本人のオンライン対応が一気に進み、多くの人がネットで学び、対話し、交流を深めることに抵抗がなくなりました。

今ではむしろ、わざわざ支度をして出かけなくても、家から世界につながれることを恩恵として、ネットを積極的に活用し続けている人が少なくないようです。東京でも地方でも、海外在住でも、距離によるハンディがなくなったのは、まさにパラダイムシフトだったと言えるでしょう。既存のビジネスをオンライン化したり、自宅ベースで、オンラインでビジネスを始めたりする女性も一気に増えました。

しかしながら、起業についてのスキルやテクニックに関する学びの場も玉石混交。これから起業をしようと考えている人にとっては、何を学べばいいのか、どこから始めたらいいのか、順番すらわからないのが実情です。

ＳＮＳのやり方だけを学んでも、ビジネスの本質を知らなければ、それを使って売上につなげることはできません。そもそも、「プチ」とは言っても、人に教える何かが自分にあるなんて思えない人のほうが圧倒的に多いのです。

だからこそ、私は断言します。

成功するプチ起業は、「正しい準備」が9割

急がば回れで、土台をしっかり作ってから、その上に知識やテクニックを徐々に積み上げていく「らせん階段」方式が、最もスムーズに、心折れることなく続けていけるやり方だと、経験から学んできました。

私が考える準備とは、

1）全体像をつかむこと

2）それぞれのやることの「意味」を知ること

3）理論に沿った流れで売れる仕組みを作ること。

準備とはいっても、下積みを何年もやりなさい、という修業のようなことではありません。

「正しい準備」をしてこそ、プチ起業は成功するのです。

そして、最低限の準備だけして地盤を整えたなら、どんどん外に出て、生身の人間と触れて、実地トレーニングに励むことです。

この本では、そのための順序立てたノウハウを、くまなくお伝えしています。

この通りに進んでいけば、最低限必要なことを、最短の時間で学ぶことが可能です。ムダなことは一切しなくて良いのです。最小の努力で、最大の成果を狙うのが、プチ起業の極意。知識、スキル、マインドの3本柱をしっかりと身につけて、1段ずつ前だけを見て実行していくことで、あなたの不安は自然と解消されていきます。

この本は、そのための「世界一やさしい教科書」です。

何があっても、大丈夫。すべては成長のために必要なこと、失敗なんてありえません。

さあ、では私と一緒に始めましょう！

プロローグ　3ヶ月で自然と月5万円稼げるようになる「プチ起業」のすすめ

起業がうまくいく人、いかない人はどこが違うの？ …… 28

次の3つのどれかに当てはまる人は、本書は適当ではありません …… 28

プチ起業に「オンライン」が最適な3つの理由 …… 31

理由❶ 「資金なし」「在庫なし」でOK！ …… 31

理由❷ 「場所」と「時間」を選ばない …… 34

理由❸ 時間当たりの収入が大きい …… 35

STEP1

プチ起業がうまくいく考え方vs失敗する考え方

プチ起業初心者が必ずかかる「3大病」とは？……38

プチ起業は「ネガティブな思い込み」をはずせばうまくいく……38

プチ起業家さんがかかる病 その❶ 「みんながすごく見える」病……40

プチ起業家さんがかかる病 その❷ 「初めてのことが怖い」病……43

プチ起業家さんがかかる病 その❸ 「もっと学ばなきゃ」病……45

「3大病」が自然と撃退できる3つの方法……46

撃退法 その❶ 小さなことに一点集中する……47

撃退法 その❷ 数字で目標を立てる……47

撃退法 その❸ 「欲しい未来」を具体的にイメージする……48

「好きなこと」ではなく「今できること」で起業しよう……50
ウソ1 「好きなこと」で起業すればうまくいく……50
ウソ2 SNSをやらないといけない……54
ウソ3 価格が高いと買ってくれない……55

STEP2 普通の主婦でも自然とできるパソコン周りの「準備」

パソコン周りの準備1 自分専用のパソコンを買ってみよう……60
スマホやタブレットではなぜダメなの?……61
買いに行く前にこれだけはチェックしておこう……62
自分に合ったパソコンの見つけ方……64

パソコン初心者はなぜWindowsがいいのか……65
タッチスクリーンはいらない……71
「ココナラ」「ストアカ」で、わからないことを格安で学ぶ方法……72

パソコン周りの準備② SNS用写真の撮り方のコツをつかもう……74
スマホで「映える写真」をカンタンに撮る方法……74
コツ① たくさん枚数を撮ろう……76
コツ② 4枚1セットで載せることを意識しよう……77
コツ③ 日々の何気ない風景写真も残しておこう……78
コツ④ 「自撮り写真」を忘れない……79

パソコン周りの準備③ プチ起業に必須! 超カンタンZoomの使い方……82
外出不要、移動なし、メイクや着替えもいらないZoom……82
実際にZoomを使ってみよう……84
自分でZoomの会議を開いてみよう……86

Zoomの参加者に一目置かれる4つのテクニック …… 90
コツ① リアルな会議に参加するつもりで臨む …… 90
コツ② 特別な照明を用意する …… 91
コツ③ 「音」に注意を払う …… 91
コツ④ リアクションをオーバー気味にする …… 92
パソコン周りの準備④ 素人でも一瞬で素敵なデザインができる「Canva」 …… 94
「告知画像」「募集画像」「資料」……すべて「Canva」におまかせ …… 94
画像で大事なのは「デザイン」ではなく「キャッチコピー」 …… 96

STEP3 Facebookを始めてみよう

プチ起業の集客は「Facebook」だけで十分 …… 100

Facebookがいい理由❶ ファンが作りやすい …… 102
Facebookがいい理由❷ 「実名」「顔出し」なので誹謗中傷されない …… 104
Facebookがいい理由❸ 共感型SNSだから炎上しない …… 106
Facebookがいい理由❹ 交流のない人ともすぐにつながれる …… 108
Facebookがいい理由❺ 時間の使い方が変わる …… 110
Facebookがいい理由❻ 「学びの場」をたくさん見つけることができる …… 111
Facebookがいい理由❼ 「グループ」に入ると、新しいつながりができる …… 113

Facebookを使いこなせたら、プチ起業は成功したのも同じ …… 116
Facebookを始めて最初にやるべきこと …… 116

Facebookチャレンジ❶ お客様の信頼を勝ち取る「自己紹介」の作り方 …… 119
「自己紹介欄」の作り方にもコツがある …… 119

Facebookチャレンジ② 1ヶ月で友達2000人を作ってみよう …… 130
まずは「質」より「量」 …… 130
Facebookチャレンジ③ 毎日投稿して、100「いいね!」を獲得しよう …… 133
「いいね!」バブルを利用しよう …… 133
ファンが劇的に増える記事投稿のコツ …… 135
「共感される投稿」と「スルーされる投稿」の決定的な差 …… 141
スルーされないコツ① ウケ狙いネタや自虐ネタを投稿しない …… 142
スルーされないコツ② 人の目を気にしすぎない …… 143
スルーされないコツ③ 自分のことを知らない人を念頭において書く …… 145
人に憧れられるような記事を書くコツ …… 146

STEP4

無理せず自然と5万円稼げるようになる「商品づくり」

商品づくりの基本は、同業者との「差別化」……152

「人生の棚卸し」をすると「差別化」はカンタン……152

先輩起業家のサービスをリサーチしよう……156

リサーチのコツ❶ インターネットでキーワード検索をする……157

リサーチのコツ❷ SNSでキーワード検索をする……159

リサーチのコツ❸ Amazonの「本」カテゴリーでキーワード検索をする……160

リサーチのコツ❹ 人気講師の研究をする……160

ライバルに差をつける商品ができる4つの「ずらし」テクニック……163

売れる商品は「ずらす」ことから生まれる……163

ずらすコツ❶ お客様を「ずらす」……164

ずらすコツ❷ レベルを「ずらす」…… 166
ずらすコツ❸ プラスアルファを加えて「ずらす」…… 168
ずらすコツ❹ 引き算して「ずらす」…… 169

「個人セッション型か」「複数参加型か」を決める …… 172
オンライン起業の商品には2つのタイプがある …… 172
商品の値決めに困ったらこれを参考にしよう …… 173
同業者に差をつける「ネーミング」のコツ …… 176

商品作りで最も大事なのは作り込まないこと …… 180
合言葉は「とにかくやってみる!」「修正はあとで!」…… 180

「誰もやっていないサービス」を思いついたときは要注意! …… 183
「誰も提供していない」=「ニーズがない」ことも …… 183
お客様に「今すぐ欲しい」と言わしめる「HARM」の法則 …… 185

誰でも今すぐ魅力的な商品がつくれるとっておきの方法 …… 190
「型」を使えば、誰でも今すぐすごい商品ができる …… 190
起業塾迷子になってしまう人の特徴 …… 194
「完璧な商品でないと売ってはいけない」をやめよう …… 194

STEP5 欲しいお客様が自然と集まって売れる「体験会」の開き方

体験会で本商品を売ってみよう …… 198
イメージは「デパ地下の試食コーナー」 …… 198

体験会が今すぐ開ける6つのステップ …… 200
体験会の準備は2ヶ月前から始めよう …… 200
体験会では、お客様満足度を高めてはいけない理由 …… 212
赤字続きだった私の体験会 …… 212
迷うお客様の言い訳を言い訳で終わらせないコツ …… 230
迷うお客様が必ず使う3つの言葉 …… 230
商品の申し込みが倍増する「シーディング」とは? …… 232
体験会にさりげなく「シーディング」を盛り込もう …… 232
「無料体験会」に申し込む人は、キャンセル率も高い …… 235
お客様は「安さ」を求めているのではない。「価値」を求めている …… 235

エピローグ

プチ起業をやめたくなったときに読んでください

考え方① 「苦手」＝「できない」ではない …… 239
考え方② 「時間がない」を言い訳にしない …… 240
考え方③ 自分に考える暇を与えない …… 243
考え方④ 何もしたくないときは単純作業に没頭する …… 244
考え方⑤ 習ったことはすぐに試す …… 246
考え方⑥ 「売る」＝「愛のお裾分け」と考える …… 248
考え方⑦ 自分で自分に許可を出す …… 249
考え方⑧ 余計な回り道をしない …… 251
考え方⑨ 心の中で「思ったこと」が現実になっていることを知る …… 253
考え方⑩ 思い通りにならないときに
自分にかけると効果的な「６つの言葉」 …… 256
考え方⑪ 一緒に学ぶ仲間をつくる …… 258

PROLOGUE

3ヶ月で自然と月5万円稼げるようになる「プチ起業」のすすめ

起業がうまくいく人、いかない人はどこが違うの？
プチ起業に「オンライン」が最適な3つの理由

起業がうまくいく人、いかない人はどこが違うの？

次の3つのどれかに当てはまる人は、本書は適当ではありません

ひと口に「起業の準備」と言っても、人によってイメージは違います。コピーやプリンターといった設備を買わなければ、と考える人もいるでしょうし、そもそもそうした設備を買う資金を用意しよう、と思う人もいるでしょう。カウンセラーで開業したいと思っている人なら、まずは臨床心理士の資格を取らなければと思うかもしれませんね。「起業の準備」には、教科書もなければ、これだけ準備すれば大丈夫という目安もありません。

しかし、私が教える「プチ起業」には**「ここまで準備してください」という手順が明確にあります。**

この手順書通りにやれば、**確実に起業でき、しかも3ヶ月以内に「月5万円」を稼ぐことができます。**

ただし、次の3つに当たる人には適当な本ではありません。ご注意ください。

1 起業して3年以上の人
2 店舗運営や物販で起業を考えている人
3 今すぐ月に30万円以上稼ぎたい人

チェック①：起業して3年以上の人

本書は起業に踏み切れずに迷っている人や、起業したもののなかなか前に進めない人向けのスタートアップ本です。起業して3年以上経つ人には「もう知ってるよ」「やってるよ」という内容かもしれません。

ただし、起業したけど思うようにうまくいっていない、行き詰まっているという方には、今一度、基本に立ち返る意味で参考になることは多いかもしれません。

■チェック②：店舗運営や物販で起業を考えている人

本書は、インターネットを通じて自宅からサービスを提供するスタイルの「オンライン起業」のやり方をお伝えしています。

例えばコーチ、カウンセラー、セラピスト、占い師などの対人支援業や、デザイン、動画編集など制作業務で起業する人を対象に書いています。

ですので「カフェで起業したい」「ネイルサロンを開きたい」「自分で作ったワイヤーアートを売りたい」といった、店舗型起業や物販型起業を考えている方にも適当ではありません。

■チェック③：今すぐ月に30万円以上稼ぎたい人

起業してすぐに月30万、50万、１００万円を稼ぎたい人は準備の方法も手順もまったく異なります。最初から、ややハードな道を選ばなければなりません。

本書はあくまで「月にあと5万円欲しい」という「プチ起業を考えている人向け」の内容です。

プチ起業に「オンライン」が最適な3つの理由

私はプチ起業で「月5万円を稼ぐ」のなら、自宅でできる「オンライン起業」を絶対的におすすめしています。それには3つの理由があります。

理由❶「資金なし」「在庫なし」でOK!

まず1つ目は、「『資金なし』『在庫なし』でOK!」だからです。

月にあと5万円の収入を得るために何をしようか考えたとき、「好きだから」「やりたいから」という理由で、店舗運営や物販で起業を考える人がいます。

しかし、私は店舗運営や物販はプチ起業には不向きだと考えています。なぜなら、

初期コストと在庫リスクがあるからです。具体的に見ていきましょう。

まずは店舗運営です。よく聞くのが「コーヒーが好きなので自宅兼カフェをやるのが夢だった」「ネイルが好きなので自宅でネイルサロンを開きたい」という人ですが、どんなにがんばってもある程度の初期費用はかかります。

カフェならコーヒーメーカーが最低限必要ですし、ネイルサロンなら、ネイルジェルやネイルマシンが必要です。「自宅を改造してやる」といっても、お客様用の椅子を買うなど、インテリアや照明などにも工夫が必要になります。

つまり、それなりの初期費用がかかってしまうのです。

「月あと5万円」を稼ぐのに、初期費用に50万円もかけていたら、元を取るのに10ヶ月もかかるわけで効率的ではありません。

次に物販です。物販とは不用品をフリマアプリで売ったり、独自ルートで仕入れた商品をインターネット上で販売したり、オリジナルのハンドメイド作品を販売したりする仕事のことです。

物販の最大のデメリットは、**商品を用意しなければならない＝在庫を持たなければならないこと。**

商品や材料を仕入れるために、あらかじめ準備金を用意する必要があり、初期コストがかかります。

最初のうちは、私物の不用品をフリマアプリに出品していれば、収入を得られるかもしれません。しかし、それがなくなれば、商品を仕入れなければなりません。

そうなると、仕入れのためにお金を用意する必要が出てきます。また、お金を用意して物をつくっても、売れなければ在庫が残りますし、仕入れた商品がヒットしたら、今度は在庫を保管する場所を用意しなければなりません。さらには、発送作業に手間がかかったりするという問題も出てきます。

一方オンライン起業は、自分の持っているスキルや知識、情報が商品になるため、在庫を持つ必要がありません。

また、パソコンと周辺機器くらいあれば起業できるので、初期コストもほぼかかりません。

つまり、**「資金なし」「在庫なし」でスタートすることができるのです。**

自分の持っているスキルや知識、情報をどうやって商品化するかについては、後ほど詳しく解説しますが、ダイエット、子育て、起業、美容、食事、自己啓発、経営、人材育成……ほぼ何でもオンライン化できます。

また面白いのは、**店舗運営や物販などの仕事も考え方を変えれば、オンライン化できる、ということです。**

例えば、カフェならコーヒーの淹《い》れ方、ネイルならネイルのやり方、ハンドメイドならハンドメイドの作り方をオンライン化すればいい。集客や利益の出る商品設計、疲弊しない顧客サービスなどは、誰もが知りたがるはず。

つまり、**人に教えることはすべてオンライン化できます。**ぜひこのあとの内容を参考にオンライン化に挑戦してみてください。

理由❷「場所」と「時間」を選ばない

オンライン起業2つ目の魅力は、**パソコンさえあれば、自宅でもカフェでも、朝でも昼でも夜でも、場所と時間を選ばずに、気軽にビジネスができることにあります。**

起業の世界では、新型コロナウイルスの影響により、オンライン化が急速に進みました。子どもを寝かしつけたあとの21～23時にオンラインセミナーを提供する起業家もいれば、朝活を兼ねて朝4時や5時からオンライン講座を開く人もいます。

場所も時間もまったく関係ありません。

また、オンライン起業なら、教える側だけでなく、学ぶ側も場所と時間を自由に選んで学ぶことができます。つまり教える側、教えられる側双方にメリットがあるのがオンライン起業です。

理由❸ 時間当たりの収入が大きい

そして、私がオンライン起業をすすめる最大の理由が、**時間当たりの収入が大きいことにあります。**

例えば、1時間のセミナーを5000円で開催し、6人のお客様が集まってくださったとしましょう。すると、時給は3万円です。パートやアルバイトで働きに出るより、はるかに時給はよくありませんか。

もちろん、セミナーの内容を考えたり、資料を作ったりする準備時間は必要ですが、それも一度考えれば何回でも使えます。

さらに、経験を積み、スキルを磨いて人気が出てくれれば、価格を上げることも可能です。「月に5万円」と言わず、「月にこれくらいは収入が欲しいな」という目標を立てて、そこから逆算して価格を設定することもできます。

そうすれば、1時間のセミナーで、10万円、20万円、稼ぐことが可能になりますから、どんどん夢が膨らみます。

「お金を稼ぐためには、長時間働かなければならない」という思い込みは、オンライン起業には必要ありません。

自分の匙《さじ》加減《かげん》一つで、いくらでも時間当たりの収入を増やすことができるのです。

ぜひ一緒にチャレンジしましょう。

STEP 1

プチ起業がうまくいく考え方 vs 失敗する考え方

プチ起業初心者が必ずかかる「3大病」とは？
「好きなこと」ではなく「今できること」で起業しよう

プチ起業初心者が必ずかかる「3大病」とは？

なぜプチ起業にオンラインが向いているのか、またどんな仕事がオンライン化できるのかがわかったら、いよいよプチ起業の準備に入っていきます。

プチ起業の準備その①は、「メンタルを養う」です。

プチ起業は「ネガティブな思い込み」をはずせばうまくいく

みなさんは、「マインドセット」という言葉をご存じでしょうか。
マインドセットとは、これまでの人生で形成されてきた、物の考え方や見方の「くせ」のことです。

「思い込み」と言ってもいいでしょう。

例えば、こんな思い込みです。

「起業してもうまくいく人は少ない」

「リスクのない起業なんてない」

「うまくいっても、必ずどこかに落とし穴があるはずだ」

「自分は、何をやってもうまくいかない人間だ」

こういうネガティブなメンタルがあれば、どんなに完璧な準備をしても、どんなにすごいやり方を学んでも、起業に踏み出せません。

そこで、自分の心の中にある**「ネガティブな思い込みをはずしていく」＝「プチ起業家メンタルを養う」**ことを最初に教えています。

プチ起業初心者が必ずかかる3つの病と、その撃退方法について紹介していきましょう。

プチ起業家さんがかかる病　その①

「みんながすごく見える」病

私はプチ起業初心者の方には、必ず「Facebookを始めましょう」とお伝えしています。

そう伝えると多くの方が、「SNSは怖いからやりたくありません」と言います。「投稿しても反応がなかったら嫌だ」「炎上するのが怖い」「個人情報を暴露されそう」……。

理由はさまざまですが「まずはFacebookのアカウントを取るだけで構いません」「投稿しなくても大丈夫。人の投稿をただ眺めるだけでいいですよ」とお伝えしてようやくスタートします。

しかし、始めると次にこんな悩みごとが出てきます。

「始めてみたのですが、すごい人がたくさんいて気後れしました……」
「あんなにキラキラした人たちがいるのに、私なんて無理です……」
「他の人はうまくいっても、私だけはうまくいきそうな気がしません……」

切れ味鋭い文章、潔い自己開示ぶり、自信あふれる写真、「セミナー満席」「月商◯万円」などの輝かしい実績……。

先を行く先輩たちの投稿は、初心者には刺激が強すぎるため、見るだけで落ち込むのは無理もありません。

何を隠そう、かつての私もそうでした。

起業を始めた当初は、「新たに始めたビジネスについてFacebookに投稿しなければ！」と思いつつ、

「他の人たちはお客様がたくさんいていいな。それに比べて自分は……」
「昔の自分を知る人たちからどう思われるだろう」
「自分のような初心者が『あなたらしい未来を実現しよう！』なんて言ってもいいんだろうか」

と自分自身に矢印が向いてばかりいました。

しかし、起業して随分あとに気づいたのです。

「みんながすごく見えるから気後れする」は、プチ起業初心者が必ず通る道なんだということに。

先輩がすごく見えるのは、先に起業を始めているからというだけ。

その先輩たちも起業初心者の時代があって、「みんながすごく見える」病に悩まされていました。

そして、それを克服したからこそ、今があるのです。

パートの仕事でも一緒です。

入ったばかりの頃は、先輩の仕事ぶりを見て「あんなこと私にできるのかしら」と思っていたら、いつの間にか自分もできるようになっていた。

そんな経験はありませんか。

ですから、先に始めた人と自分を比べて、むやみに落ち込むことはないのです。

プチ起業家さんがかかる病　その②

「初めてのことが怖い」病

人は誰しも、年を重ね、生活が安定してくると、新しいチャレンジを避けようとする傾向にあります。

そもそも脳には、**「わからないこと」「難しそうなこと」「面倒くさそうなこと」を避けようとする働きがあります。**

失敗したらどうしよう、うまくいかないのではないか、皆に笑われる……。

そんな誇大妄想で身動きできなくなってしまう人もいます。

しかし、ガイドラインに沿って、小さなことから一つずつ取り組んでいくと、怖さを感じないもの。

それを仲間と一緒にやる、コーチに一緒に伴走してもらう、などをすれば、無理なく誰でも「初めてのことが怖い」病を撃退できます。

私のところに来た多くの方が「始める前は緊張したけど、やってみたら意外と簡単ですね！」と晴れやかな表情になります。

小さな成功体験を積み重ねれば、自分に自信が持てますし、成長している感覚が得られるようになります。

未来の自分に希望が膨らみ、挑戦している自分に誇りすら感じることもあります。

すべては、小さなベイビーステップを踏み出してみることから始まるのです。

プチ起業家さんがかかる病 その③

「もっと学ばなきゃ」病

「知識もスキルもないから、勉強してからじゃないと起業できません」

「資格を取ってから挑戦しようと思います」

「何も経験のない私が起業してお金をもらったら、クレームになるかも」

こんな不安と恐怖のスパイラルに陥って、

「もっと勉強しなくちゃダメだ！」

「講座の上級コースを受け、卒業してからじゃないと起業なんて無理」

と思ってしまうのも、プチ起業初心者には「あるある」です。


しかし、いったん深呼吸して考えてみてください。

例えば講座を始めたばかりの人のところに、ハイレベルなサービスを求めてやってくるお客様はいるでしょうか？

いいえ。起業したばかりの人のところにやってくるのは、**「試しにサービスを受けてみようかな」というライトなお客様ばかりです。**

みなさんが思うようなすごいサービスを求めてやってくる人は、まずいません。いたとしても申し込みまで至りません。

お客様は、**私たちが想像している以上に、しっかりと人を選んでいます。**

「業界トップレベルの先生から学びたい」「ハイレベルなスキルを学びたい」と思うお客様は、**最初からそういった先生やサービスを探すのです。**

「自分よりすごいお客様がくるかもしれないから、もっと学ばないと……」

「もう少し勉強して、レベルアップしてから起業したほうがいいんじゃないか……」

なんて心配する必要はないのです。

「3大病」が自然と撃退できる3つの方法

さて、プチ起業家初心者さんが陥りがちな3つの病について紹介してきました。

この機会に、撃退法もぜひ覚えてください。撃退方法も3つあります。

撃退法 その① 小さなことに一点集中する

「あれもこれもやらなくちゃ」と焦ると、すべてが中途半端になってしまいます。

最初は一つのことに集中して進めていきましょう。

「とにかく今週はFacebookの投稿だけをがんばろう」

「今日は、他の起業家さんの研究をしてみよう」

などと一点のことに集中すると、他のことが気にならなくなり、気づけば時間は過ぎて、着実に成果も出ていきます。

撃退法 その② 数字で目標を立てる

不安や焦りを覚えるのは、自分の感情にフォーカスしているからです。

そんなときは、数字を味方にすると不安がやわらいでいきます。

「今週は毎日Facebookで10人に友達申請をしよう」

「今週はこの1冊を読み切ろう」

「今日は30分だけ講座の動画を見よう」

「今日はFacebookで20人に『いいね！』をしよう」

このように数字で目標を立てると、ゲーム感覚で起業を進められるようになり、目標をクリアすることで自信がついていきます。

撃退法 その❸ 「欲しい未来」を具体的にイメージする

プチ起業のステップを進めていくために絶対に必要なのは、**「欲しい未来」のイメージです。**

そして、そのイメージが鮮明であればあるほど、みなさんの脳は、欲しい未来に向かってポジティブな思考を働かせてくれます。

目の前の「やるべきこと」がつらく感じるときは、欲しい未来や、手に入れたい暮らしを具体的に強くイメージしてみてください。

プチ起業は、あくまでそれらを手に入れるための手段です。その先にある自由や豊かさ、バランスの取れた幸せな未来を五感で感じきることで、苦労も苦労と感じなくなるものです。

ノートに言葉で書き連ねていくのも良し、理想の暮らしを視覚化するのに雑誌を切り抜いてコラージュし、ビジョンボードにしてみるのも良し。大事なのは**「こんなの無理」と思わずに、夢を大きなサイズに広げてみることです。**

「私は、こんなふうにドキドキする未来のために、これをやるんだ！」と思えるようになれば、心の底からモチベーションや勇気が湧き上がってきます。

「やるべきこと」も、すべては「欲しい未来」へと続くプロセス。

一歩ずつ着実に歩んでいけば、必ずたどり着く理想がある。そうやって自分を信じて進んでいきましょう。

「好きなこと」ではなく「今できること」で起業しよう

プチ起業初心者がかかる3つの病を知ったら、今度はプチ起業初心者を惑わす3つのウソについてご紹介します。

これを、始める前に知っておくと、メンタルが不安定になることがなくなります。

ウソ❶ 「好きなこと」で起業すればうまくいく

1つ目は、「『好きなこと』で起業すればうまくいく」のウソです。

「『好きなことを仕事にしよう』は、よく聞く話です。あれはウソなんですか?」

そういう声が聞こえてきそうですね。

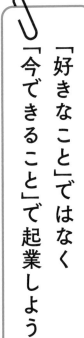

ズバリ申し上げます。あれはウソです。

「好きなこと」で起業してはいけません。

例えば、お菓子作りが好きな人が、お菓子の製造と販売で起業するとしましょう。まずお店を持つのなら、場所を借りなければなりません。場所探しに始まり、賃料の交渉、各種手続きまで自分でやらなければなりません。

当然接客をするなど、時には品物を発送する必要も出てくるでしょう。材料や道具、備品が足りなければ発注しないといけませんし、お金の管理もしなければなりません。

こう考えると、「お菓子作りが好き」とは無関係の仕事がたくさん待っているのです。

こういう現実は普通に考えれば、誰しも想像できるはずなのですが、それを思考停止に追い込むのが**『好きなこと』で起業すればうまくいく」**なのです。

結果、「好き」で起業したにもかかわらず、好きなことが嫌いになってしまう人は少なくありません。

そこで私は、

「『好きなこと』ではなく『今できること』で起業しましょう」

とお伝えしています。

「自分ができること」と「人が求めていること」のニーズが合わさったとき、ビジネスチャンスは生まれます。

それがすでに他の人が提供しているサービスでも、まったく問題ありません。**あなただからこそ提供できるサービスは必ずありますし、あなただからこそ助けられる人は必ずいます。**

そこにエネルギーと愛情を注いでいってほしいのです。

そして「今できること」ならわざわざ準備するなど、新たな資格を取得したりする必要がありません。

また業務上、苦手だからやらなければならないことがあったとしても、仕事として割り切っていれば、冷静に対処することができます。

「今できること」で起業しよう

「自分にできること」とは、「今できること」「過去にやってきたこと」です。それに「人が求めていること」を合わせると、ビジネスチャンスが生まれます。

自分にできること（過去にやってきたこと）		人が求めていること（仕事になること）
パソコン操作のサポート	➡	パソコンの買い方、使い方、ソフトやサービスの利用方法
経理事務	➡	起業家向けの帳簿つけ作業・請求代行
スマホ写真撮影が得意	➡	スマホでSNS映えする撮影をする方法
着物の着付けの資格と経験あり	➡	和装で起業家の独自性あるブランディング
コーチングの資格	➡	未来の生き方探しと後押し・伴走
風水の資格	➡	運気が開ける簡単な部屋づくり・模様替えのアドバイス
薬膳の資格・食と健康の知識	➡	冷えの改善による婦人科系の悩みやむくみの解決
婚活体験	➡	婚活塾が怖い人への個別コンサル
コーチングの資格で起業	➡	起業を始めたい人へのビギナーガイド
フラワーアレンジメントの資格	➡	心を落ち着け丁寧に暮らしたい、忙しい起業家向けマインドフルネスお花教室

ウソ❷ SNSをやらないといけない

プチ起業をするときに大切なのは、自分が提供するサービスに興味があるかもしれない人となるべく多くつながることです。

そのために便利なのはSNSですが、すべてのSNSを始める必要はありません。**始めてほしいSNSはたった一つ、Facebook のみでOKです。**

Facebookだけで、「月にあと5万円」は十分稼げるようになります。

むしろ、それ以外はやる必要はありません。

SNSを使った起業に関する情報があふれかえっているために、プチ起業初心者はあれこれ手を出して、結果どれも中途半端になりがち。しかも成果が出ませんから、続けるモチベーションを失って自然消滅……。そんな人をたくさん見てきました。

何事も初心者が心がけるべきことは「一点集中」の原則。

持てるエネルギーを一つのSNSに注ぎ込むことで、一気に成果を上げていくことが得策なのです。

詳しくはSTEP3に譲りますが、Facebookは、他のSNSと違って、自分で「友達」を作って、つながりを広げていくことが可能で、フォロワーがつくのを待たなくてもいいという特徴があります。多種多様で、自由度の高い投稿ができることから、発信力を鍛えることもできます。「自分」を表現するのに最適なのです。

SNSが怖いと言っていた人たちも、ウソのようにFacebookの「共感の世界観」の中で、温かな人間関係を広げて感謝していくようになります。

あれこれ目移りせず、まずはFacebookに一点集中すること。

他のSNSに広げていくのは、月5万円のプチ起業が軌道に乗って、次のステージを目指す段階になってからで十分です。

ウソ③ 価格が高いと買ってくれない

プチ起業の準備を進めていくと、必ず自分のサービスに価格をつけるときがやってきます。

しかし、この価格をつけるのがひと苦労。どんな人も自分のサービスにいくらの値段をつけていいのか悩みます。そして多くの人が、自分の商品やサービスを相場より安い値段で提供しようとします。

そこで「それでは安すぎます。安すぎて自分がしんどくなりますよ」と言うのですが、次のような言葉が返ってきます。

「起業して間もない私の商品を、こんな値段で買ってくれる人はいないと思います」

「相場より安くしないと、お客様がこないのではないでしょうか」

「○○さんはあの価格でやっているのに、私のほうが高いなんておかしいのでは」

なぜこのようなことを気にしてしまうのかというと、**「自分なんかがお金を受け取ってはいけない」というネガティブなメンタルが根っこにあるからです。**

しかし、ビジネスは自分の提供したサービスに、正当な対価をいただかなければ、成り立ちません。

自分が物を買ったり、サービスを受けたりするときのことを思い出してください。何らかのメリットがあるものに、お金を払いますよね。

それと同じで、お客様もきちんと内容を見定めたうえでお金を出しています。

大事なのは、**「あなたからサービスを買いたい」と言ってくださるお客様を、もっ**

と信用することです。

そして、お客様の課題や問題を解決したり、叶えたい願望に寄り添ったりする方法を、真剣に考えることです。

そのために、お客様の声をしっかり聞くこと。

お客様の話も聞かずにセールストークをしたり、価格設定について思い悩んでいたりしては、お客様が何を求めているのか把握することはできません。

STEP5でも紹介していきますが、プチ起業を成功させるコツは、**お客様の生の声をたくさん拾っていくことです。**

頭の中だけで想像するのではなく、できるだけ多くのお客様とコミュニケーションを重ね、具体的にリサーチすること。

それが、「どんな価格であっても、あなたからサービスを買いたい」と言われるプチ起業家になるための近道です。

STEP 2

普通の主婦でも自然とできるパソコン周りの「準備」

パソコン周りの準備① 自分専用のパソコンを買ってみよう
パソコン周りの準備② SNS用写真の撮り方のコツをつかもう
パソコン周りの準備③ プチ起業に必須! 超カンタンZoomの使い方
パソコン周りの準備④ 素人でも一瞬で素敵なデザインができる「Canva」

パソコン周りの準備❶

自分専用のパソコンを買ってみよう

STEP1では、初心者がメンタル面で惑わされやすい3つの病と、ビジネスの3つのウソについて紹介しました。

プチ起業準備の次のステップは、「パソコン周りの準備」です。

具体的には、

①自分専用のパソコンを持つ

②SNS用写真の撮り方のコツをつかむ

③Zoomを活用する

④Canva（キャンバ）を使いこなす

です。

さっそく見ていきましょう。

スマホやタブレットではなぜダメなの？

40代、50代の女性にプチ起業を教えるようになってから驚いたことは、自分専用のパソコンを持っている人が少ないことでした。

家族とパソコンを共有している人、会社から貸与されたパソコンしか持っていない人、スマホやタブレットしかない人など、自分専用のパソコンを持っている人がほとんどいないのです。

確かに、インターネット検索や、簡単なフォーマット入力、オンラインショッピングだけならスマホやタブレットで十分ですし、パソコンはいりません。

しかし、オンライン起業で「月にあと5万円を稼ごう」と思う人は、パソコンは必須です。

なぜなら、オンライン起業では、Web会議サービスのZoomでオンラインセミナーやセッション、カウンセリングを開催することがしょっちゅうあるからです。

スマホやタブレットは、そもそもパソコンの機能を持ち運べるようにした簡易版のようなもの。

文字の入力、画像の制作、長い動画の編集、そして起業家に必須のZoom会議の参加や主催など、すべてにおいてパソコンのほうが「簡単で速く作業ができる」のです。

限定された機能しかないスマホで、わざわざ苦労する必要はありません。

省エネ、時短、簡単で実現したいプチ起業です。生産性を考慮すると、圧倒的にパソコンが有利なのです。

ですから、ぜひ自分専用のパソコンを持つようにしてください。

今やパソコンも消耗品です。

低価格化が進み、性能も使い勝手も良いものが10万円以下で買えます。プチ起業を手助けしてくれる貴重な相棒を、ぜひこの機会に手に入れてください。

買いに行く前にこれだけはチェックしておこう

自分専用のパソコンを買いに行く前にやってほしいこと。

それは、パソコンのスペック（性能）について知っておくことです。

パソコンのスペックの調べ方

■Windows 10/11の場合

①Windows の「スタート」ボタンから、「設定」ボタン→「システム」→「バージョン（詳細）情報」の順にクリックしていきます。
（「バージョン（詳細）情報」の次に「システム情報」がある機種もあります）

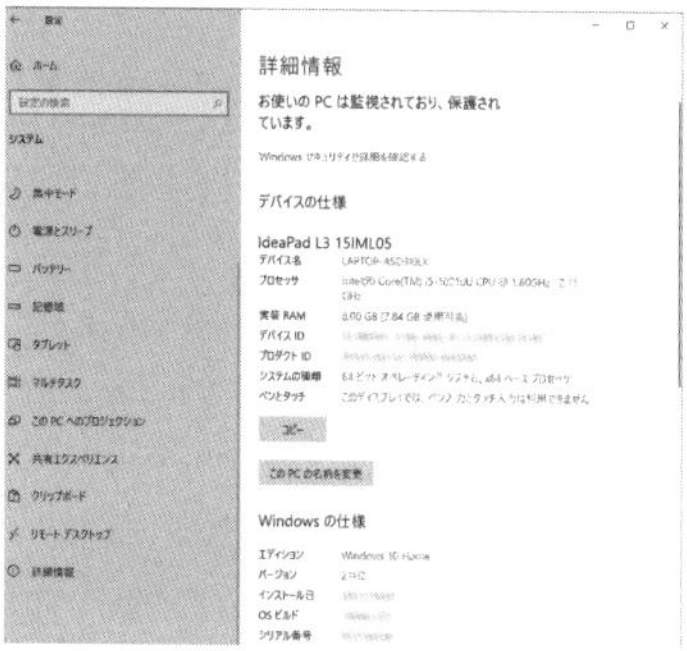

②「デバイスの仕様」と「Windowsの仕様」の項目に、パソコンのスペックが表示されます。メモリ量は「実装RAM」の項目で見ます

■Ｍａｃの場合

①画面左上に表示されているメニューバーの「Appleのアイコン（りんご）」をクリックします

②「このＭａｃについて」をクリックすると、パソコンのスペックが表示されます

スペックの調べ方は、前ページの通りです。

この時点では、スペックについて詳しいことはわからなくて大丈夫。

何よりも**「調べ方を知る」ことが重要です。**こうして、得た知識をすぐに実践することが、プチ起業のモチベーションを維持するために何より大切です。

自分に合ったパソコンの見つけ方

パソコンがないという方に「では買いに行きましょう」と言うと、何の予備知識もなくお店に行って相談しようとする人がいます。これはやめましょう。

自分なりの判断基準を持っていないと、必要のない機能がいっぱいついて、ムダに値段の高いパソコンを買うハメになります。

たとえ店員から説明を受けても、何を言っているのかわからなければ、結局、値段やデザインなどのわかりやすい理由で判断するしかなくなってしまいます。

自分なりの判断基準を持つために、押さえておきたいポイントは5つです。
①画面サイズ、②メモリ量、③ハードディスク容量、④CPU、⑤ウェブカメラです。

一つずつ紹介する前に、起業初心者によく確認される質問にお答えします。
「WindowsとMacでは、どちらを選ぶべきでしょうか？」です。

パソコン初心者はなぜWindowsがいいのか

現在のパソコンの主流は、机に固定することを前提としたデスクトップではなく、持ち運び可能なノートパソコンです。ノートパソコンのほうが場所を取りませんし、外出先でも作業が可能で圧倒的に便利です。

そうして次に悩むのが、WindowsとMacのどちらにすべきかという問題です。

パソコンは、OS（オペレーティングシステム）という制御システムの働きにより動いています。代表的なOSがWindowsとMacです。

Windowsは Microsoft社が作っているOSで、パソコン本体は Microsoftをはじめ、日本HPやNEC、Lenovo、Dell、FUJITSU、Dynabookなど、国内外のさまざまなメーカーが製造しています。一方Macは、Apple社一社がOSからパソコン本体まですべて自社で製造しています。

WindowsとMacでは、細かな操作方法や見え方などは異なりますが、操作性においては大きな違いはありません。

ただ私は、自分専用のパソコンを買うのが初めてという人には、Windowsをおすすめしています。

なぜなら日本では、**Windowsを搭載したパソコンを使う人が約70％と圧倒的に多いからです。**使う人が多いということは、わからないことがあれば、周りにすぐ聞けるという利点がありますし、インターネットで検索すれば、日本語でいくらでも答えが出てきます。

さらに、Windowsのパソコンは、多数のメーカーが製造していて価格競争が激しいため、Macで同程度のスペックを持つパソコンより安く手に入るのが魅力です。

パソコンチェック①：画面サイズは15インチのものを選ぼう

WindowsとMac、どちらを選ぶか決めたら、次は**①画面サイズ、②メモリ量、③ハードディスク容量、④CPU、⑤ウェブカメラの5つ**をチェックしていきましょう。

いきなり難易度が上がったように感じられるかもしれませんが、そんなに難しい話ではありません。

5つに共通して押さえておきたいのは、「数値」です。**数値が高くなれば価格も高くなり、逆だと安くなる。**まずはこれを覚えておきましょう。

プチ起業のために初めてパソコンを買うという人なら、高スペックは必要ありません。中程度のスペックで十分です。価格だと、8万〜10万円前後といったところでしょうか。

では、①画面サイズから説明していきましょう。

画面サイズについては、作業机を思い浮かべてみるとわかりやすいです。作業机が大きくなればなるほど、作業は楽になりますよね。それと同じで、パソコンの画面サイズも、大きくなればなるほど操作が楽になります。

画面サイズの単位は「インチ」で表示されます。**私のおすすめは15インチです。**

現在のノートパソコンは軽量化されているので、画面サイズが多少大きくても持ち運びが便利になっていますが、女性の場合は15インチが持ち運ぶ限界かもしれません。

カフェで広げるにしてもこれくらいなら差し支えないでしょう。年齢と共に小さな文字が見にくくなることを考えても、15インチは欲しいところです。

■パソコンチェック②：メモリ量は16GBがおすすめ

お店に行ってパソコンの仕様を見てみると、必ず「メモリ量」という項目がありま す。8GB、16GBなど、「GB（ギガバイト）」という単位で表されます。

これも、作業机でたとえるとわかりやすいです。数値が大きくなればなるほど、作業机の上に一度に広げておける物の量が多くなるのだとイメージしてください。

目安は動画編集をする可能性があるかないかです。動画編集をしそうになければ8GB、動画編集をしそうであれば16GBを選んでください。

■パソコンチェック③：ハードディスク容量は512GBが目安

ハードディスク容量とは、アプリケーション（ワープロソフト、表計算ソフト、イラスト作成用ソフト、写真加工用ソフトなど）や、自分の作ったデータやフォルダを保存しておく貯蔵庫のことです。数値が大きくなるほど、貯蔵できる量が増えます。

単位はメモリと同じく「GB（ギガバイト）」で表示され、安いパソコンだと256GBが主流です。それ以上は倍数で増えていくので、512GB、1TB（テラバイト／1000GB＝1TB）、2TBと増えていきます。

起業すると、写真や動画などを作成して保存することも多くなるので、容量はできれば512GB以上あると安心です。パソコンの使い方にもよりますが、ハードディスクの残り容量が少なくなると、処理速度（作業スピード）が遅くなってしまいます。

■パソコンチェック④：CPUの性能はCore i5かCore i7

CPUとは、コンピューターの中心的な処理装置で、人間の頭脳にたとえられます。「プロセッサ」と表現されることもあります。

CPUはパソコンの頭脳なので、性能が高くなればなるほど、処理速度は速くなります。パソコンは日々使うものですから、安さだけで選ばず、CPUをしっかり選んで買いましょう。

プロセッサーの2大老舗メーカーは「intel」と「AMD」です。AMDは、画像処理などのグラフィック分野に特化したメーカーで、比較的安いのが特徴です。

プチ起業初心者であれば、intel のCore i5、またはCore i7などを選べば間違いないでしょう（2023年9月現在）。CPUは種類が多く表記も複雑に見えるので、調べ始めると迷ってしまいますが、intelを選べば問題はありません。

■パソコンチェック⑤：質の高いウェブカメラがついているか

新型コロナウイルスの感染拡大以降、Zoomを使ってオンライン上で打ち合わせをしたり、セッションやセミナーを開催したりすることは当たり前となりました。そのため、ほとんどのパソコンには質の高いウェブカメラが標準装備されています。

ウェブカメラを選ぶ際は、画質に注目してください。画質は、「SD（480p）」→「HD（720p）」→「フルHD（1080p）」と、「p」の数字が大きくなるほど高画質になります。

そして、最低でも「HD」、または「フルHD」のウェブカメラが搭載されたものを選ぶようにしてください。

高画質になれば顔映りが良くなりますし、暗所でも補正して明るさを自動調節してくれます。

自分でセミナーやセッションを開催するようになれば、顔映りがとても重要になってきます。その点も踏まえてカメラの質は高いものを選んでおきましょう。

タッチスクリーンはいらない

仕事用のパソコンとして不要な機能に、「タッチスクリーン」があります。「タッチスクリーン」とは、パソコン画面に専用ペンや指を触れるだけで、スマホやタブレットのようにタッチ操作ができる機能です。

正直なところ、タッチスクリーンは必要ありません。操作なら、マウスとキーボードですべて行えますし、そのほうがムダな動きがないからです。

パソコンから画面だけを取り外して、タブレットとして使える機種もありますが、タブレットでできることは、スマホでもできることです。パソコンの画面をタブレットにできる機種を買う必要はありません。

パソコンとは別にタブレットが欲しいなら、Amazon製の「Fire」など、安く手に入るタブレットがあります。予算と利便性を考えながら、選ぶといいでしょう。

「ココナラ」「ストアカ」で、わからないことを格安で学ぶ方法

パソコンをまったく触ったことのない人、使い始めたものの操作に自信がない、限られた機能しか使えていない人は、「ココナラ」や「ストアカ」というオンラインサービスが便利です。

2つとも、教えたい人と教わりたい人が集まるウェブサイトで、運営会社が事前に承認した講師による講座だけが提供されているので、安心して利用できます。

パソコンやアプリケーションの使い方に関しては、ほとんどの入門講座は60分1000円くらいで受講できるので、パソコン初心者が学ぶ場として最適です。

いくつか受講しながら、必要に応じてスキルアップしていきましょう。

また、ココナラやストアカは、セミナーやワークショップなどの開催を主軸にプチ起業したい人には最適のプラットフォームです。

まずは受講生の立場で慣れ親しみながら、ストアカで講師デビューをする道を模索してみるのもいいと思います。

■ココナラ　https://coconala.com/

ビジネスからプライベート利用まで、個人のスキルを気軽に販売したり、購入したりできるスキルのオンラインマーケット。デザイン、イラスト、ライティングなどのサービスが、お試し価格で出品されています。

■ストアカ　https://www.street-academy.com/

教えたい人と、学びたい人をつなぐ、習い事が満載のウエブサービス。リアルタイムで先生から直接受講することができるスタイルで、パソコンやソフトウエアの使い方などベーシックなテーマを1000円から受講することができます。

パソコン周りの準備②

SNS用写真の撮り方のコツをつかもう

スマホで「映える写真」をカンタンに撮る方法

みなさんも「インスタ映え」という言葉を、一度は聞いたことがあると思います。Instagramで、たくさんの「ハート」ボタンを押してもらえるような、見栄えのする写真を撮ることを意味しています（最近では、Instagramも文字投稿や動画が主流になり、インスタ映えという言葉も使われなくなっています）。

STEP3の「Facebookを始める」から、文字通りFacebookを始めていただくのですが、Facebookに記事を投稿するうえで、重要なのが「映える写真」を載せることです。

なぜなら、**写真は、投稿に目をとめてもらうための重要なフックになる**からです。どんなに良い文章を書いたところで、読まれなければ意味がありません。スクロールの手を止めて文章を読んでもらうために大切なのが、「映える写真」なのです。

写真をフックに文章を読んでもらえれば、「いいね！」やコメントがつきますし、自分が提供しているプチ起業のサービスを知ってもらうきっかけにもなります。

プチ起業を始めようと思ったその日から、Facebookに投稿することを意識して、いつもスマホを持ち歩いて写真を撮りためていってください。

デジカメや一眼レフカメラをわざわざ購入する必要はありません。スマホのカメラを使いこなし、あらゆる場所、あらゆるタイミングで写真を撮っていってください。

こう書くと、時折「私、センスがなくて……」「私、写真が苦手で……」という方がいらっしゃいます

そんな方でもこれから紹介する知識とコツさえ身につければ、必ず上達します。「映える写真」を撮る4つのコツを伝授します。

コツ❶ たくさん枚数を撮ろう

1つ目は、**とにかく数多くの枚数を撮る。**

写真慣れしていない人は、たった1回のシャッターで、良い写真を撮ろうとしがちです。しかし、プロでもない私たちは、1回で決定的瞬間をカメラに収めるのはなかなか難しい。「映える写真」を撮るためには、**1つの場面で5回、10回と連続でシャッターボタンを押すことです。**

例えば人物写真の場合、被写体がわずかに顔や体の角度を変えただけで、見え方は大きく変わります。目をつむったり、表情が微妙な瞬間もあったりするので、何度もシャッターを切りましょう。風景写真や料理写真も同じです。ちょっと角度を変えるだけで、印象は大きく変わります。

必要な枚数の5倍、10倍は撮りましょう。

撮れば撮るほど、撮影スキルはぐんぐん上がっていきます。

コツ❷ 4枚1セットで載せることを意識しよう

Facebookに写真を載せるとき、枚数は4枚を1セットにして掲載することをおすすめします。なぜなら**写真は4枚あれば、伝えたい情報が的確に伝わるからです。**

逆に4枚以上載せてはいけません。4枚以上載せると伝えたいことがバラけるからです。

イベントや食事会で写真を撮るときは、雑誌やインターネットの記事を思い浮かべながら撮ってください。

飲食店の紹介ページを見てみると、外観、インテリア、料理、食べている人など、異なる場面を映し出す写真が並んでいるはずです。

それらの要素が複合的に重なり合うことで、お店の雰囲気がリアルに伝わります。

Facebookでは、「○○さんと食事をしました」という投稿は定番ですが、お店のインテリアや外観、料理など、まるで雑誌のフォトグラファーになったかのように写真に収めていきましょう。

見ている人にも臨場感が伝わって、「いいね！」を押してもらいやすくなります。また投稿を見た人に「そのレストランに行ってみたい！」と思ってもらえれば、影響力は強まっていきます。

コツ③ 日々の何気ない風景写真も残しておこう

「写真をたくさん撮りましょう」と言われても、特別なイベントや出来事、食事会などは、頻繁にあるわけではないですよね。

しかし、写真を撮るタイミングは特別な場面だけに限らないのです。

日常の何気ない風景を切り取った写真を撮ることを習慣にしていくと、Facebook投稿のネタになりそうなものが、あらゆるところにあることに気づくはずです。

散歩の途中で見かけたお店や、道端の花。

きれいな空や変わった形の雲。

朝焼けや夕焼け。

ランチで食べたもの。

買い物に出かけたときのお店。

自分にとっての日常は、誰かにとっては非日常です。

自分としては、「当たり前のこと」「何でもないこと」でも、他の人から見れば、たちまち興味深いものに変わります。

常に「写真に撮れるものはないかな?」という意識を持って散歩や買い物に出かけると、Facebookに投稿できる写真が、スマホにどんどん増えていきます。

コツ④ 「自撮り写真」を忘れない

写真を撮ることに慣れてきたら、必ずしてほしいことがあります。

それは、**「自撮り写真」を撮ることです。**

SNSを使って起業する最大のメリットは、自分を売るためのビジュアル表現が簡単にできることです。

文章だけ、声だけではなく、顔や全身の姿を写真や動画で見せることによって、未来のお客様は、あなたにより親近感を覚え、同時に信頼していくのです。

特にオンライン起業家が爆発的に増えた今は、「誰から買うか」「誰に教わるか」が、商品購入の重要な決定要因となっています。

そのためにも自分の顔や姿をしっかり見せて、より多くの方に自分を知ってもらう努力を怠ってはなりません。

そして自分と他者を差別化するための最大の武器は**「自分の顔」**です。

自分の顔を出せば出すほど、人との違いが明確になっていきます。

自撮りをするのは、慣れるまでは恥ずかしいかもしれません。

しかし、「自撮り棒」を用意して、リモコン操作での撮影に慣れてしまえば、自然と撮れるようになります。

自撮り棒選びのポイントは4つ。

①三脚としても使える

②離れていてもシャッターが切れるリモコンがついている

③軽量でコンパクト

④スマホを縦向きにも横向きにも設置できる

Amazon を検索すれば、軽量で三脚にも早変わりする折りたたみ式の自撮り棒が2000円台から見つかります。

Facebook の投稿で写真を4枚載せるなら、**そのうち1枚は必ず自分の顔写真にしてください。**

そうすれば、多くの人に自分の顔と名前を覚えてもらえるようになります。

プチ起業では、何よりも自分の「顔」が一番の広告になります。最大の武器として大いに活用していきましょう。

パソコン周りの準備③

プチ起業に必須！　超カンタンZoomの使い方

外出不要、移動なし、メイクや着替えもいらないZoom

コロナ禍であっという間に知られる存在になったのが、「Zoom」というオンラインの会議システムです。

自宅にいながら、複数の人と画面上でつながって、まるでリアルで会っているかのように違和感なく話し合いができる。

このサービスを使うことで、会えない、集まれない時代を乗り越えただけではなく、それまでは距離が原因で会えなかった人たちとも、気軽につながれるようになりました。

アメリカに住んでいる私は、それまでは日本に出張してセミナーを行ったり、個人セッションを行ったりしながら、何とか集客につなげていました。

が、Zoomが一般的となってからは、距離のハンディがなくなったのです。

東京にいても、沖縄にいても、あるいはテキサスにいても、時差さえ調整できれば、誰とでも一瞬でつながれる。

そんな奇跡のような出来事が、私にも大きなチャンスとなりました。

Zoomは、学びや働くスタイルも変えました。

子育て中の方、会社で働いている方々が、夜21時を過ぎてから講座に出たり、ライブを見たりして、学びに参加することが当たり前になりました。

外出が自由になった今でも、人々は、「外出しなくてもいい」「移動しなくてもいい」「メイクや着替えは不要」なオンライン会議の仕組みに慣れてしまい、Zoomで十分、という方も多いのです。

この恩恵を上手に使えば、誰とどこにいても、プチ起業はラクラク実現することができます。ぜひZoomの使い方をこの機会に覚えてくださいね。

実際にZoomを使ってみよう

Zoomは、ビデオ会議やオンラインミーティングを行うための便利なツールです。パソコンが苦手な方でもすぐ慣れるよう、手順を書きます。参考にしてみてください。

■手順①：Zoomアプリのダウンロードとインストール

Zoomの公式ウェブサイト（Zoom.us）にアクセスして、「ダウンロード」をクリックします。デスクトップクライアントの青いダウンロードボタンを押して、ダウンロードしてインストールしてください。

■手順②：アカウントの作成

インストールが完了したら、Zoomアプリを起動します。アプリを開いたら、「アカウント作成」を選択し、必要な情報を入力します。メールアドレスやパスワードを設定し、アカウントを作成します。

■**手順③：ミーティングに参加する**

ミーティングに参加するためには、ミーティングの招待リンク、またはミーティングIDを入手する必要があります。

主催者からメールで送られてきたリンクをクリックすれば、入室できます。ミーティングIDが支給された場合は、Zoomアプリを開いて「参加」ボタンをクリックしIDを入力して入室します。

■**手順④：ミーティング中の操作方法**

ミーティングに参加したら、画面下部にミーティングの操作パネルが表示されます。マイクやカメラのオン／オフ、画面共有などの機能を使いたい場合は、該当するアイコンをクリックします。

■手順⑤：チャット機能の利用

ミーティング中に、主催者や他の参加者とチャットでコミュニケーションを取ることもできます。画面下部のチャットアイコンをクリックしてチャットパネルを開き、メッセージを入力して送信します。

■手順⑥：ミーティングの終了

ミーティングが終わったら、「ミーティングの終了」ボタンをクリックして退出します。

自分でZoomの会議を開いてみよう

使い方自体本当に簡単なので、一度、誰かが主催している会に参加すればすぐに覚えることができます。

しかし、プチ起業では、自らが「会の主催者」にならねばなりません。

人の会には何度も参加していても、自分が主催するときに使い方がわからない、という人は少なくありません。

そこで、会の主催者となってZoom会議を開くときのやり方を説明します。

■手順①：新しいミーティングを作成する

サインイン後、ホーム画面が表示されます。そこで「新規ミーティング」ボタンをクリックすると、ミーティングの設定画面が表示されます。

■手順②：ミーティング設定を行う

ミーティングの設定を行います。ミーティング名や日時、期間などを設定します。会議の招待リンクが発行されるので、それをコピーして、参加者に伝えましょう。プチ起業の場合、セキュリティを心配するほど大規模な会議を主催することはまずありませんので、パスコードは不要です。

■手順③：ミーティングを開始する

会のスタート時間が来たら、「開始」ボタンをクリックします。すると、次々に参加者が入室してきます。そのたびに通知音が鳴りますので、「許可」ボタンを押して入室を許可してください。

■**手順④：参加者の音声をコントロールする**

複数の参加者のマイクがオンになっていると、雑音や背景音が響いて、会に集中できません。一斉に全員のマイクをオフにする（ミュートにする）ことができますので、基本はその設定にしておきましょう。

お話をする方だけ、自分でマイクをオンにしてもらえば大丈夫です。

■**手順⑤：ミーティングの運営**

ミーティング中には、画面下部のミーティング操作パネルでさまざまな操作が可能です。マイクやカメラのオン／オフ、画面共有、チャット、参加者の管理などが行えます。スライドなどを見せてのセミナーを行う場合は、画面共有の方法にも慣れておきましょう。

これは一人でも練習ができますので、事前に何度も本番のシミュレーションをして、習得しておいてください。

Zoom でミーティングを主催する方法

① Zoom アプリを起動して「スケジュール」をクリックする

②「ミーティングをスケジューリング」で「日時」などを入力して「保存」をクリックする

「ミーティング ID」は「自動的に生成」、「パスコード」はなし、「待合室」にチェックで OK。「ビデオ」のオン、オフ、「カレンダー」は任意で選んでください

③指定した日時が来たら「開始」をクリックしてミーティングを始める

■手順⑥：ミーティングの録画

自身の記録のためにも、録画をしておくことをおすすめします。

自分のパソコンに動画ファイルとチャットのテキストファイルが残りますので、必要に応じて、YouTube にアップするなどして、参加者や参加できなかった方々と共有も可能です。

Zoomの参加者に一目置かれる4つのテクニック

コツ❶ リアルな会議に参加するつもりで臨む

自宅でオンライン参加となると、つい気がゆるみがちになりますが、人は見た目が9割という言葉はオンラインでも同じです。

画面上で、自分がどう映っているのか、名前の表記は、Facebook と同じになっているか、背景は自分らしく飾られているか、厳しい目でチェックしてみましょう。

服の色やメイクによっても、見え方は変わります。全体の中でも一番目立つように、明るめの色を選ぶなど、画面を見ながら研究してみることをおすすめします。

コツ2 特別な照明を用意する

特別な照明を用意したり、カメラの角度を調整したりするなどして、自分が最高の状態で見えるように、演出する工夫をしましょう。

三脚つきのリングライトなど、オンライン会議用の照明がAmazonで3000円から購入することができます。

コツ3 「音」に注意を払う

オンラインだと「音」も意外に気になるものです。雑音は入らないか、自分の声は最高の状態で届いているか、などをチェックしておきましょう。

パソコン専用のマイクを導入すると、音質は確実に上がり、きれいにノイズのない声が響くようになります。

最新のパソコンやパソコン付属のマイクも、音質は問題ないものがほとんどですが、録画などでしっかりと確かめて、問題があると思えば、専用マイクを購入しましょう。

3000円台からありますので、Amazonなどで調べてみると良いでしょう。

家の中がどうしても見せられないという場合には、Zoomに備わっている「バーチャル背景」という機能を使うと良いでしょう。気に入った写真が背景になり、部屋の様子はまったく見えなくなります。

コツ4 リアクションをオーバー気味にする

リアルな会場と違って、オンラインの場合は、想像以上にみなさんの声や雰囲気が相手に届きづらい環境にあります。

ですので、理解していることを相手に伝えたい場合は、いつも以上にオーバーリアクションで頷《うなず》いてみせたり、面白いときには少し大げさなくらいに口を広げて笑ったり、手を叩いて見せたりすることが大事です。

そうした人に伝わるリアクションをすることで、参加者から一目置かれるようになります。人は意外にあなたを見ています。

もちろんご自身が主催している場合は、身振り手振りを大きくし、声も抑揚たっぷりに明るく楽しそうにして、皆を飽きさせない工夫をしていきましょう。

パソコン周りの準備④

素人でも一瞬で素敵なデザインができる「Canva」

「告知画像」「募集画像」「資料」……すべて「Canva」におまかせ

本格的にプチ起業を始めると、STEP3で紹介していくFacebookの投稿は大切な仕事になります。

プチ起業では、Facebookを通じて集客をしていくからです。そのときに必要となるのが、告知画像や募集画像などの「画像（バナー）」です。

予算に余裕があるのなら、プロのデザイナーに頼むのがベストですが、プチ起業を始めたばかりだと、小さなことにもなかなかお金をかけられません。

そこでおすすめなのが、「Canva（キャンバ）」という無料の画像作成アプリです。Canvaを使えば、素人さんでも自前のパソコンでプロレベルの画像や資料が作れます。

さらにCanvaには、プチ起業初心者にはありがたい、6つのメリットがあります。

①主要なSNSに対応したフォーマットが用意されている
②プロのデザイナー級の豊富なテンプレートが用意されている
③写真やイラスト、背景、フォントなどの素材が豊富
④使い方がシンプルで、データを人と共有するのが簡単
⑤アプリが進化するたびに、使える機能が増え続けている
⑥YouTubeに使い方の解説動画がたくさんアップされている

スタート時は無料版で構いません。

プチ起業が軌道に乗ってきたら、有料版「Canva Pro」に切り替えることをおすすめします（年間1万2000円程度）。「Canva Pro」なら使用できるテンプレートや素

材の数が増え、便利な機能も飛躍的に増えるからです。

また、Canvaは画像作りのみならず、セミナーや講座、プレゼンテーションの資料、小冊子を作るのにも役立ちます。

資料を作るためのソフトといえば、これまではPowerPointが主流でした。確かにPowerPointは便利ですし、レイアウトを柔軟に組み立てられる機能は優秀で、スライドショーも楽に行えます。

PowerPointに慣れているならそのまま使い続けてもいいのですが、初めて資料を作る人が使いやすいのは、圧倒的にCanvaです。本格的にプチ起業を始める前にインストールしてみて、画像作りに慣れ親しんでみてください。

画像で大事なのは「デザイン」ではなく「キャッチコピー」

Canvaに用意されているテンプレートを使うと、おしゃれな画像がすぐに作れます。ただ、おしゃれだからといって、それが集客に有効かというと、そうではないのです。

Canvaで画像を作ってみよう

ここに紹介する画像は、すべて私がセミナーやワークショップを開催したときに実際に作った画像です。まずはCanvaをインストールするところから始めてみてください。

バナーで最も重要なのは、デザインではありません。

そこに並んでいる言葉、つまり**「キャッチコピー」**です。

「わあ、このセミナーに行ってみたい！」

「このサービスを受けてみたい」

と人に思わせるのは、**デザインよりも強いキャッチコピー**です。デザイン優先で小さくまとめてしまうと、キャッチコピーが目立たなくなってしまいます。

「何を一番に伝えたいのか」が明確になるように、言葉を一番目立たせたデザインにしていきましょう。

あくまで主役はキャッチコピー。そこにイラストや装飾などの素材を上手に組み合わせて、自分の頭の中にあるイメージを画像にしていきます。

プチ起業初心者でも、画像作りがスイスイできるようになれば、セミナーに数百人を集めることも可能です。

すぐにでもCanvaをインストールして、使い方に慣れてください。

STEP 3

Facebookを始めてみよう

プチ起業の集客は「Facebook」だけで十分
Facebookを使いこなせたら、プチ起業は成功したのも同じ

プチ起業の集客は「Facebook」だけで十分

さてここまでプチ起業の準備を進めてきましたが、次に取りかかるのは「Facebook
を始める」です。

「起業するならSNSは必須」「できるだけたくさんのSNSをやったほうがいい」
と聞いたことのある人も多いと思います。

しかしひと口にSNSといっても、Facebook、Instagram、X（旧Twitter）、YouTube、TikTok……とたくさんあります。

そこで私は、これからSNSを始めようとするプチ起業家さんには、あえてこう伝えています。

「Facebookだけでいいですよ」

Facebook以外のメディア・SNSの特徴

それぞれのメディアやSNSの特徴をご紹介します。余裕があれば、どれもやったほうがいいことには違いありません。ただ、最初のうちは、Facebookだけに一点集中したほうが効果が絶大です。

【ブログ】
- 文章を書くのに時間がかかる
- 読者数を伸ばすのに時間がかかる
- 読者数が伸びなくても、地道に書き続ける忍耐力がいる
- かつて隆盛していた「ブログ集客」は、集客のための告知手段としては効果が薄いため他メディア／SNSとの併用が必須

【Instagram】
- 心から応援してくれるファン＝フォロワーを増やすのに時間がかかる
- 投稿の主流がショート動画や複数画像となり、制作に時間と手間がかかりすぎる。
- 効果を出すための手法が多岐にわたり、専門に習わないと何から始めればいいのかわからない

【YouTube、TikTok】
- 全体にコンテンツのクオリティが高くなり、自作で動画コンテンツを制作するのはとても難しい
- 多くの人に拡散され、注目を浴びる「バズる」という現象が起きなければ、登録者数を増やすのが難しい

【X（旧Twitter）】
- 匿名アカウントが多く、ネガティブなコメントが飛び交いがち
- フォロワーを増やすのに時間がかかる
- ニュース性のある話題、有益な情報が求められるので、「自分」を知ってもらう投稿には不向き

なぜか？

その理由をお伝えします。

Facebookがいい理由①　ファンが作りやすい

Facebookは、他のSNSに比べて「日々のさりげない暮らしに幸せを感じている自分」「子どもの成長に目を細めて喜んでいる自分」など、自分のライフスタイルを色鮮やかに演出することができます。

私はこれを「ライフスタイル表現」と呼んでいます。地に足がついた暮らしぶりを投稿することで、「自分は何者か？」がより伝わりやすくなります。

また時折、Facebookで仕事にまつわる投稿をすると嫌がられると思っている人がいますが、そんなことはありません。

仕事も、その人の大切なライフスタイルの一部です。

私も、ある日はセミナーの告知をして、次の日には愛犬との散歩風景を投稿、別の日は、オーガニック食材を使って料理をしたことを投稿。さらに別の日には、その日

お正月のご挨拶を投稿することもあれば、オンラインセミナーの様子を投稿することもあるなど、自分のライフスタイルをそのまま投稿しています。

の仕事の予定について触れつつ、次のイベントの告知をする。

　こんなふうに、仕事とプライベートが混在した投稿になっています。

　大事なのは、仕事とプライベート、両面を楽しんでいる姿を見せると、見てくれた人たちの中に「私もこんな人生を送りたい」という憧れを持つ人が出てくることです。

　私はこれを**「憧れファクター」**と呼んでいます。そして自分のファンを作るには、**この「憧れファクター」を作ることが重要なのです。**

　憧れファクターができあがっていくと、自分の人物像がじわじわと人々に届き、理解され、共感され、静かにファンが増えていきます。

それがやがては、「あなたから学びたい」「あなたから買いたい」という思いにつながっていくのです。

Facebookがいい理由❷ 「実名」「顔出し」なので誹謗中傷されない

Facebookでつながりを増やすといっても、まったく知らない人と交流することに抵抗のある人もいるでしょう。

しかし、Facebookは、「実名」「顔出し」が利用条件です。プロフィールを見て「この人、ちょっとなあ」という人とつながらない選択も自分でできるのです。

例えば、プロフィール写真に設定するのは、基本は本人の顔写真です。アカウント名も実名にすることが推奨されているので、「信頼できる人か」が見えやすいという利点があります。そのため、Xなどでよく見かける誹謗中傷《ひぼうちゅうしょう》がほぼありません。

一方で、実名、顔出しだからこそ、かえってハードルが上がる……という人もいると思います。「匿名《とくめい》でアカウントを作れるInstagramやXなら始めやすいけど、

Facebookはちょっと怖い」と感じてしまうのでしょう。

しかし、みなさんがFacebookを始める理由は「プチ起業のため」です。遊びや趣味のためにやるわけではありません。

ですから、互いに「実名、顔出し」のうえでやりとりするほうが、自分も相手も安心してやりとりできますし、いざビジネスするときも余計な手間が省けます。

さらには、Facebook上で「友達」ができて、深いつながりができていくと、**「エンゲージメント」＝「深いつながりのある関係性」**が増えていき、自ずとファンは増えていきます。

「なりすまし」や「フェイクアカウント」の問題もありますが、Facebookではそれらを見抜くのも簡単です。あやしいアカウントは、著名人の名前を使っていたり、海外在住者で、夫や妻などのパートナーを亡くしたと語る人だったり、セクシーなプロフィール写真を使ったりしています。

また日本語が不自然だったり、名前のローマ字表記が間違っていたり、翻訳ソフトを使ったような違和感のある日本語で書かれていたりするので、見ればすぐにわかります。

Facebookがいい理由③

共感型SNSだから炎上しない

「Facebookは安心安全ですよ」と伝えしても、「炎上が怖い」という答えが返ってくることがあります。

不祥事を起こした著名人が、SNSで炎上している様子を見てそう感じるのかもしれません。

しかし、他のSNSと違って、Facebookではそのようなことはまずありません。私はFacebookを始めてから10年近く経ちますが、一度も目撃したことはありません。では、なぜFacebookでは炎上がなかったり、誹謗中傷が飛び交ったりしないのでしょうか？

それは実名、顔出しに加えて、「いいね！」ボタンがあるからだと考えます。

Facebookの世界は、「いいね！」ボタンに象徴されるように、**「共感」をベースに成り立っています。**「いいね！」のほかに、「超いいね！」「大切だね」「うけるね」「すごいね」「悲しいね」「ひどいね」というボタンがあって、いずれも共感の感情を示すものです。

共感がベースとなっている世界では、人は常にポジティブで明るい投稿を心がけるようになります。そうしないと、自分の投稿にも「いいね！」が増えないからです。

他のSNSにも、「いいね！」に似たボタンはありますが、Facebookとは意味合いが異なります。

例えばYouTubeには、ブーイングサインで示される「低評価ボタン」や、グッドサインで示される「高評価ボタン」があり、それらのボタンは共感ではなく、評価のために機能しています。

また、Xにも、「返信ボタン」「リポストボタン」の隣に、「ハートボタン（いいね）」がありますが、そこに温かな共感意識は感じられません。賛同の意を表す程度に見えます。Instagramにも似た性質があります。

Facebook特有の、お互いに実名、顔出しでつながり合った関係だからこその、親しみのこもった「いいね！」に、人々は温かさを感じます。

もし悲惨な写真や、特定の人物を誹謗中傷する投稿を見かけたときは、「投稿を報告」という機能で、Facebookの運営側に通告できます。

また、特定の人物から執拗《しつよう》にコメントを寄せられるなどした場合は、「ブロックする」の設定や、「友達から削除」をすれば被害は防げます。このように利用者の安全が確保できているのも、Facebookのいいところです。

Facebookがいい理由④ 交流のない人ともすぐにつながれる

経営コンサルタントの大前研一さんは、著書の中で、「**人生を変えたいと思うなら、場所、人、時間を変えなさい**」と言っています。私は、このうち「人」を手っ取り早く変えるのに、Facebookは適していると考えています。

例えば、子育て中のママであれば、頻繁に会うのは同じく子どもを持つ親か、幼稚園や保育園、学校の先生だけになりがちです。会社勤めをしている人なら、同じ会社の人や、せいぜい取引先の人といった狭い範囲になりがちです。

しかし、Facebookを使えば、「いつもの枠組み」の外にいる人たちと出会うことができます。

Facebook の醍醐味《だいごみ》は、「知らない人とつながれること」です。

例えば、離れた場所に住んでいる人、異なる業界で働く人、年が離れた人、海外で暮らしている人など、オフラインでは接点がなかった人たちと出会えます。

私はアメリカ在住なのですが、Facebook を通じて、ヨーロッパ、アジア、オセアニア、中東、そして日本に住む人たちと日々交流しています。

自分とは違う文化の中で生きている人と交流するだけで、自分の中の小さな常識や思い込みが壊れていきます。

また、Facebook 上でつながった人と、リアルでお会いしたら仕事をすることになった、共同でプロジェクトを始めることになった、という意外性が生まれるのも Facebook の醍醐味です。

私も起業塾を受講してくれている生徒さんとは Facebook などオンライン中心で交流しているため、リアルで初めて会ったのは数ヶ月後、一年後ということもあります。このように、Facebook には人との出会いを一瞬で変える力があるのです。

Facebookがいい理由⑤

時間の使い方が変わる

Facebookを始めると、時間の使い方も変わっていきます。

Facebookは人の投稿を見るだけでも楽しいので、あっという間に時間が過ぎていきます。そして、自分で投稿したり、コメントしたり、ライブを見たり、Facebookグループに参加したりするようになると、さらに時間が足りなくなってきます。

そうすると人は、自然とタスクの整理を始めるようになります。

タスクの整理とは、優先順位を考えて、やるべきことを取捨選択するということ。

優先順位がはっきりすると、手に入れたい未来が明確になるので、ムダな時間が減っていきます。惰性で続けていたスマホゲームをやめたり、何となく見ていたテレビを消すようになったり、ムダな食事会に参加しなくなったりするものです。

「今は、プチ起業のために集中してFacebookをしよう」

そうやって時間を有効に使えるようになることも、Facebookに取り組む大きなメリットです。

Facebookがいい理由❻
「学びの場」をたくさん見つけることができる

「Facebookはやっぱり強い！」と起業家の間でFacebookの利用頻度が高まったのは、新型コロナウイルスの感染拡大がきっかけでした。

感染拡大以前は、セミナーといえば会場を借りて、休日の昼間に開催するのが当たり前でした。小さな体験会も、カフェなどの対面で行われていました。

しかし、新型コロナウイルスの感染拡大により、「会えない」「集まれない」が一気に広がりました。そんな混乱の中で人々が希望を見出したのは、「オンラインでのつながり」でした。**人との交流の場が、「リアル」から「オンライン」へと切り替わっていった**のです。

今や起業家が当たり前のように利用している「Facebookライブ」が盛り上がってきたのも、この頃です。また、Zoomを利用した、オンラインセミナーやセッションも一気に広がっていきました。

そして、移動の制限が解除されてきた今も、リアルに限定すると参加できないお客

アメリカからFacebookライブを行ったときの様子

様がいることに、起業家たちは気づいています。「オンラインで受講はできないんですか？」というリクエストに、対応せざるを得ない状況になっているのです。

　それに応じてお客様も、少しずつFacebookの使い方を変えていくようになりました。それまでは、親しい友達の近況を知るためだけに使っていたのに、「Facebookにはたくさんの学びの場がある」ということに気づき始め、参加するようになったのです。

「交通費をかけて会場に行かなくても、自宅でセミナーを受けられる」

「子どもが寝静まった夜に、時間を選ばず学ぶことができる」

「日本各地、世界各国にいる先生からオンラインで学ぶことができる」

Facebookには、「学びたい」「自分を変えたい」という意欲にあふれる人たちがたくさんいます。

オンライン上の学びの場に足を踏み入れた途端、同じ志を持った人たちとの、ゆるやかで温かな交流の輪に加わることができるのです。

Facebookがいい理由⑦

「グループ」に入ると、新しいつながりができる

Facebookには、プチ起業に役立つ機能が満載です。

特に、投稿が自分の「友達」の輪の外にまで広がっていく「シェア」機能が優れています。その代表例が「Facebookグループ（コミュニティ）」です。

Facebookグループとは、同じ趣味や目的を持つユーザー同士で作るグループのことです。部活動やサークル、同好会のようなものです。

この機能を使えば、共通の趣味、同じ興味や関心を持っている人でコミュニティを作ることができます。

まずは誰かの作ったグループに、参加してみるのがいいでしょう。友達からグルー

プへの参加のお誘いが来ることがあるかもしれません。

私は、アメリカのダラスに住む日本人だけが入れる「ダラス在住日本人」や、私の住むエリアの住人だけが入れる「Artesia Residents」でゴミ収集の情報、近所の大小のトラブルの状況などをチェックしています。3万人以上が登録している「めざチア」という日本の起業家向けライブ配信コミュニティにも入っています。

「類は友を呼ぶ」のことわざ通り、興味のあるグループに参加すると、自分と同じ趣味や興味を持つ仲間ができる可能性が高くなります。

そこでの出会いが出会いを呼び、つながりの輪が広がっていく喜びは、オンライン上で十分に味わえます。

また、グループの活動を通じて、「人が何に悩んでいるのか」「自分はその人たちにどんなサービスを提供できるのか」という、商品作りのヒントを見つけることもできます。私自身、2020年9月にライブ配信コミュニティ「プレミアライブ☆USA」を立ち上げて、それ以来、一日も欠かさずに、パートナーたちとともにライブセミナーを配信。現在では、参加者が約5000人に届くほどに成長しています。

Facebookを始めたら、関心のあるグループにぜひ参加してみてくださいね。

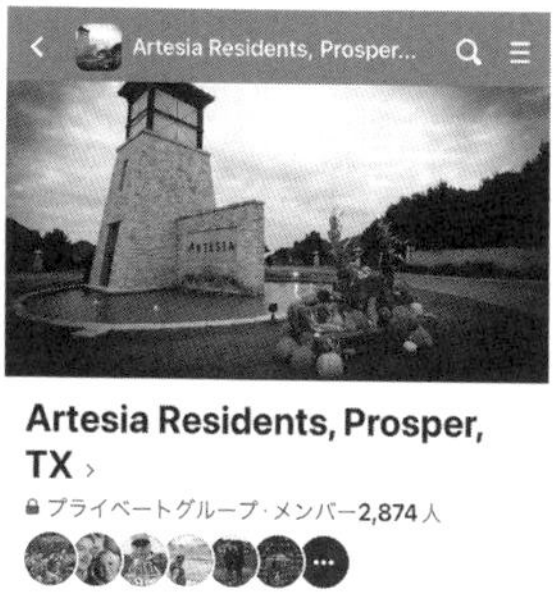

私の入っている「Facebook グループ（コミュニティ）」です。
Facebook にはたくさんのグループがあるので、検索して気になるグループがあれば入ってみてくださいね。
自分でグループを作って主宰すれば、気の合う仲間がたくさん集まって日々の生活もグンと楽しくなります。

Facebookを使いこなせたら、プチ起業は成功したのも同じ

Facebookを始めて最初にやるべきこと

さて、Facebookのメリットを理解したら、実際にFacebookを使ってみましょう。手順を一つずつ丁寧に紹介していきますので焦らず、怖がらずやってみてください。**Facebookを使えるようになったら、プチ起業は成功したのも同じ**です。

最初は、アカウントの取得です。手順は以下の通りです。

①インターネットでfacebook.comにアクセスして、［新しいアカウントを作成］

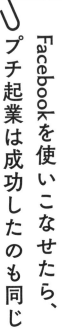

をクリックする

②名前、メールアドレス（または携帯電話の番号）、ログインのためのパスワード、生年月日、性別を入力する

③［登録］をクリックする

④アカウントの作成を完了するために、メールアドレス（または携帯電話の番号）の認証手続きへ進む

これであなたもFacebookの仲間入りです。

アカウントを作ったら、しばらくはリアルの知人と友達になって、他の人の投稿を見ることに慣れていってください。

そして、「本格的にプチ起業を始めよう！」という気持ちが盛り上がってきたら、やっていただきたいことが3つあります。

①「自己紹介」の「自己紹介の編集」で必要事項を入力し、自分が何者なのか「自己紹介文」を１００字以内で書く

②自分から「友達の追加（友達リクエスト／友達申請）」をして、1ヶ月で2000人の友達を作る
③毎日最低1回投稿して、100「いいね！」獲得を目指す

このミッションだけ聞くと、

「自己紹介文を書くっていっても、私、何者でもないし」

「友達2000人？　しかも自分からリクエストするの？」

「知らない人にいきなりリクエストしたら嫌がられるのでは？」

「毎日1回投稿するようなネタなんてない」


と思う人もいるでしょう。でも、大丈夫。

これから紹介するやり方に従って、一つずつ取り組んでいけば、必ずうまくいきます。私を信じてついてきてください。

Facebookチャレンジ①

お客様の信頼を勝ち取る「自己紹介」の作り方

「自己紹介欄」の作り方にもコツがある

まず、「①『自己紹介』の『自己紹介の編集』で必要事項を入力し、自分が何者なのか『自己紹介文』を100字以内で書く」から詳しく解説していきましょう。

Facebookで友達になった人、あるいはこれから友達になろうとしている人が、みなさんのFacebookページを訪れたときに真っ先に見るのが「自己紹介」です。

ですから、アカウントを取得したら、次のことをしてください。

1 アカウント名を考える
2 プロフィール写真を選ぶ。※明るい印象のものにする
3 ビジネスに関係するものをカバー写真にする
4 肩書を自己紹介文に入れる
5 自己紹介文を具体的に書く
6 出身地と居住地を入力する
7 職歴と学歴を入力する
8 友達リストを「表示」に設定する

このうち、1～5について詳しく説明していきましょう。

1 アカウント名を考える

Facebookは実名を推奨していますが、漢字、ひらがな、カタカナに変えたりする

ことができます。**最も目立ちやすく、覚えてもらいやすいものを選んでください。**

私の場合だと「Hajime Ueno」「上野　元」「上野ハジメ」「ウエノハジメ」「うえのはじめ」を考えて「上野ハジメ」にしました。

日本語を主言語としてビジネスをするときは、日本語表記にすることをおすすめします。利用者にはローマ字表記の方も多いのですが、見知らぬ人に友達リクエストをするとき、あやしいアカウントではないかと疑われてしまう可能性があります。

Facebookでは、日本語でFacebookを使っている人には、日本語で表示し、日本語以外の言語でFacebookを使っている人には、設定した言語、またはローマ字で表示されます。「プロフィール写真」→「設定とプライバシー」→「設定」→「名前」→「編集」→「日本語表記の名前を追加または変更」から設定できます。

2 プロフィール写真は明るい印象のものにする

オンライン上で知り合った人とリアルに会う機会は意外とありません。ゆえに、顔だけを見て「この人は信頼できそう」と思ってもらえなければなりません。ですから、**好印象を与えるプロフィール写真を設定することがとても大切です。**

スマホで自撮りした写真でもいいのですが、プロフィール写真を専門に撮るフォトグラファーにお願いすると、イメージは100倍アップします。

インターネットで検索すれば、フォトグラファーはすぐに見つかります。プチ起業のための先行投資と考えれば安いものですから、ぜひ依頼してみてください。

「やせてから撮ります」「顔に自信がないから」なんて謙遜する必要はありません。プロにおまかせすれば、みなさんの良さを引き出す写真を撮ってくれます。

3 風景写真やペット、子どもの写真はNG

Facebook初心者は、ビジネスと関係ない風景写真やペット、子どもの写真をカバー写真にしがちなのですが、これはNG！

プチ起業で提供する予定のサービス内容や、ビジネスのキャッチコピーを入れた画像をCanvaで作りましょう。

ポイントは、Facebookを自分のホームページのように仕立てていくことです。

人が自分のFacebookページを覗《のぞ》きにきたときに、「何をしている人なのか」が1秒でわかるようにできれば完璧です。

プロフィール写真は顔がよく見えるものにしよう

■これならOK！

背景を明るくし、顔を大きく見せましょう。自分の商品を身につけたプロフィール写真もいいです。背景が暗くても、顔に自然に光が当たっていて笑顔なら好印象に。顔出しができないときは、アバターを使うのも有効です。プロフィール写真の右下の「カメラボタン」→「アバターのプロフィール写真を作成」から作れます。

■これはNG！

全身写真で、しかも背景が暗いと顔がよく見えません。
また、ペットや花、お子さんの写真などもNGです。

4 サービスを提供する前から肩書を決め、自己紹介文に入れる

自分がどんなサービスを提供しているのかわかる「肩書」も、サービスを提供する前から考えて、自己紹介文に必ず入れましょう。

人は、自分が決めた肩書通りの人になります。

私なら、自己紹介をするときに、「私は起業コーチです」「プレミアライフデザイン協会代表です」と言うのですが、口にするたびに、その肩書にふさわしいふるまいをしようという意識が芽生えます。

「まだお客様がほとんどいないのに、『○○コーチです』『○○アドバイザーです』と名乗るのは早すぎるのではないか？」

「突然肩書を名乗り始めたら、これまでの自分を知っている人たちは、どう思うだろうか？」

とそわそわする気持ちもわかります。

私も、会社の経営をやめて起業をしたときには、経営者仲間から白い目で見られるのではないかと気にしていた時期がありました。

「何をしている人なのか」が1秒でわかるカバー写真にしよう

私の生徒さんたちが作ったカバー写真で、とても良い例を３つ紹介します。

マイルの貯め方を教えている「プラチナマイルトラベラー主宰」の織田鮎美さんは、「マイル＝海外旅行」とイメージがつながる画像を選んで、その上にキャッチコピーを効果的に配置。

「ライフデザインコーチ」の松本真紀さんは、フォトグラファーが撮影した写真の余白に、サービス内容を載せました。どんな人を、どんなふうに導くサービスか一目でわかります。

サウンドセラピストの池田エリーさんは、セッション中の写真を使用。どんなサービスを提供しているのかが一目でわかります。文字も読みやすくて好感度100％！

しかし、大事なのは「お客様の目」です。ライバルや同業者ではありません。**自分が何者かをはっきりさせなければ、お客様には、自分が提供したいサービスの内容が伝わらないのです。**

プチ起業は他の人との差別化こそが成功の鍵です。自分の提供したいサービス内容にピッタリのオリジナルな肩書をぜひ作ってみてください。

私も、起業を始めた当初は、「ライフコーチ」というありがちな肩書をつけていましたが、やがて「人生再起動コーチ」「ライフデザインコーチ」「プレミアライフデザイン協会代表」と、次々と肩書を変えていきました。

作り方のコツは、**思いつく限りのキーワードを書き出して、100個くらい案を出してみることです。**質よりも量を意識して書き出していくと、しっくりくるものが必ず見つかります。

プチ起業が軌道に乗ってきて、仲間が集まってきたら、オリジナルの「団体名」も考えてみてください。「団体の代表だなんてすごい!」「たくさんの人から信頼されているんだな」と、お客様からの信頼度が急速に上がっていきます。

肩書の例

- 人生を300%楽しみ尽くすブロックリリースコーチ
- コンプレックス解放コーチ
- 起業ビギナー女子の魅力表現デザイナー
- 美ら（ちゅら）セラピスト育成コーチ
- 人生の放課後研究家「夢活」案内人
- ママと子の絆が深まる自然遊びナビゲーター
- ハッピーキャリアを歩む無敵のスター発掘コーチ

団体名の例

- プレミアライフデザイン協会
- 未来ミッション実現アカデミー主宰
- 大人かわいい着物塾

5 自己紹介文を具体的に書く

自己紹介の中でも自己紹介文は、人が真っ先に見るところです。文章でまとめるというよりも、キーワードを並べたほうが見る人の印象に残ります。記号や絵文字、改行を効果的に使ってまとめてみてください。

URLも入れられるので、メルマガやLINE登録、他のSNSへの誘導に使うのも得策です。

その際は、lit.link（リットリンク）という無料のSNSリンクのまとめサービスを使うのがおすすめです。

ビジネスネーム、プロフィール写真、カバー写真、肩書、自己紹介文をプチ起業仕様に整えたら、出身地と居住地、職歴と学歴を必ず入力してください。そして、友達リストを「表示」に設定することも忘れないようにしましょう。

無理にとは言いませんが、可能な限り自己紹介を充実させたほうが、「月にあと5万円」の達成が早くなることは間違いありません。積極的に自己開示をしていってください。

自己紹介のOK例

■著者　上野ハジメ

アメリカ在住29年（ハワイ～LA～テキサス）、ゲイ。
元ハワイ情報誌編集長。
プレミアライフデザイン協会／起業コーチ

■オンライン秘書・三宅けい子さん

個人起業家の世界観に目線を合わせてサポートするオンライン秘書／PCテクニカルサポート15年以上の経験あり

■ビューティ薬膳アドバイザー　あきば淳さん

お悩み改善　ビューティー薬膳研究家
体質改善して美も健康も手に入れる
健康が手に入れば心も豊かに
野菜ソムリエ／調理師／食生活アドバイザー

■シカゴ在住ナチュラリスト・テイラー理恵子さん

2020年2月よりシカゴ郊外在住
15歳年上のダーリンと2人暮らし♡
アメリカで働く会社員／ナチュラルライフナビゲーター／手作りコスメアドバイザー

■色彩心理カウンセラー　とみたえみさん

カラーセラピスト育成・SNS集客コーチ
マイベイビーステップ認定講師。沖縄移住20年
週末ステージママの「ゆるりすとライフ」を実現中

Facebookチャレンジ②

1ヶ月で友達2000人を作ってみよう

まずは「質」より「量」

自己紹介をビジネス仕様にしたら、次は、**1ヶ月で友達を2000人作ってほしいのです。**「えー！　2000人なんて絶対に無理！」という声が大ボリュームで聞こえてきそうです（笑）。でも、意外と簡単なのです。

Facebookでは、フォローし合う関係性を「友達」と呼びます。

この呼び方が誤解を生むのか、リアルな友達以外は友達リクエストをしてはいけないと思っている人がたくさんいらっしゃいます。

しかし、Facebookの魅力は、世界中の見知らぬ人と出会えることです。

さらに、Facebookを使いこなしてプチ起業をしようとしているわけですから、**リアルな知り合い以外の人ともつながらなくては、ビジネスは広がりません。**

Facebookでは、リアルな知り合いじゃなくても、友達になっていいのです。気になる人がいたら、自分から積極的に友達リクエストをしてみましょう。

目標は、先ほどお伝えした1ヶ月で2000人。実際私は200人以上のプチ起業家の方に、「1ヶ月で友達リクエスト2000人」をやってもらいましたが、達成できなかった人はほとんどいません。

なぜなら、Facebookでは友達になるのが簡単だからです。相手のページに飛んで、「友達を追加」のボタンを押す。これだけです。あなたの「自己紹介」に必要事項がちゃんと記入されていれば、リクエストが拒否される確率はぐんと減ります。

中には、「メッセージのない友達リクエストを受け付けません」という人もいます。そういう人は先方のほうで友達申請を却下しますから、放っておきましょう。

SNSになじみのないプチ起業家初心者さんにとって大事なのは、**2000人とい**

う数をクリアすることです。

数を目標にすれば、「あの人に友達申請したけど了承されなかったのはなぜ?」といった本来の目的と違うことで悩まなくなります。

また、2000人も友達申請していれば、自然と「こういう人は友達申請してもムダだな」とか「このアカウントはなりすましだな」などがわかってきます。

たまに、「そんなに友達が増えたら、全員の投稿を把握できません」とおっしゃる人がいますが、そもそもタイムラインには友達全員の投稿は表示されません。

流れてくるのは、最近友達になった人や、日頃から「いいね!」を押し合ったり、コメントをし合ったりする人だけです。

そして2000人をクリアしたら3000人、4000人と数を増やしていきましょう。

Facebookの友達の上限である5000人までいけば、集客に頭を悩ませることがほとんどなくなります。

関係性の「質」を深めていくのは、その後の投稿やコメントのやりとりの中でのこと。まずは「数」にこだわることが大切です。

Facebookチャレンジ③

毎日投稿して、100「いいね！」を獲得しよう

「いいね！」バブルを利用しよう

Facebookを始めたら取り組むこと3つ目は、1日に1回投稿して、100「いいね！」を獲得することです。

Facebookの特性として、タイムラインには、①最近友達になった人、②日頃から「いいね！」やコメントのやりとりがある人の投稿が優先して表示されます。

ですから、新しい友達を増やしている間は、みなさんの投稿がたくさんの友達のタイムラインに表示されます。そして毎日投稿を続けていると、100「いいね！」、

「100 いいね研究会」に入ってみよう

200「いいね！」はあっという間に集まり、コメントも入り始めます。

ただ、友達リクエストの件数が落ち着くに従い、自然と「いいね！」の数も減っていきます。しかし、ここで落ち込まないでください。

それは、「『いいね！』バブルが弾けた」だけです。落ち込んだり焦ったりしないでください。

大切なのは、「『いいね！』バブル」の期間中に、発信力を磨いていくこと。

投稿することに慣れておけば、バブルが弾けたあとでも、100「いいね！」を集めるのは難しくありません。

なかなか「いいね！」が集まらない人におすすめなのが、Facebookグループの「100いいね研究会」に入ってみることです。このグループに入れば、どんな投稿が100「いいね！」を集められるのか、お手本を見ることができます。

Facebookの「コミュニティ（グループ）」で「100いいね研究会」と入力して検索してみてください。


もともとは、プチ起業初心者の支援をする友人が始めたグループなのですが、縁あって、現在は私の主宰するプレミアライフデザイン協会が運営しています。

グループのメンバーは約750人いて、100「いいね！」を獲得できた投稿を、メンバーがお互いにシェアしながら、学びを深めていくグループです。

投稿を楽しむためのチャレンジ企画や月間MVPを表彰するなど、メンバーが日々の投稿を楽しめるようになっています。

ファンが劇的に増える記事投稿のコツ

SNSの利用者が増えている現代では、誰もが芸能人のようにファン作りを意識した発信をしていかなければなりません。ファンの数が増えれば増えるほど、集客しなくてもお客様が集まるようになるからです。

そこで、効率的にファンを作るための投稿方法をお伝えしましょう。
それは、記事を次の5日間サイクルで回していくというものです。

1日目　ライフスタイルに関する投稿
2日目　ビジネスに関する投稿
3日目　ライフスタイルに関する投稿
4日目　ビジネスに関する投稿
5日目　他者紹介、他者を応援する投稿

1日目、3日目のライフスタイルに関する投稿とは、自分の人となりがくっきりと浮かび上がるような投稿のことです。

- 子どもの頃はどんな子だったのか？
- どんな悩みを抱えていて、それをどう克服してきたのか？
- 趣味や好きなこと、はまっていることは何か？

- 好きなテレビ番組、映画、本、漫画、音楽、ファッションは何か？
- 今、学んでいることや、これから学びたいことは何か？
- 生きるうえで、人間関係で大切にしていることは何か？
- 「これはおかしい」と疑問に思っていることは何か？

つまり、自分の暮らしぶりや生き方を紹介する投稿です。

大切にしている価値観や人生観、好きな世界観を、具体的な日常のシーンに織り込んで表現することができるようになれば、ファンは飛躍的に増えていきます。

また、2日目と4日目のビジネスに関する投稿は、プチ起業の内容に関する投稿です。

- どんなサービスを提供したいと思っているのか？
- どんな悩みを持つ人を助けたいと思っているのか？

ただ、具体的な商品やサービスが決まっていないこともあるでしょう。

そのときは、これまでのキャリアや勉強してきたこと、得てきた情報や知識など、プチ起業に少しでも関連しそうな内容を投稿してみてください。

- 社会人になって最初に働いた職場は？
- なぜその職場を選んで、どんな苦労をして、どんな実績を残してきたのか？
- これからどんなプチ起業をしたいのか？
- どうしてその決断にたどり着いたのか？
- 自分のサービスを多くの人に届けたい理由は？
- 自分のサービスを受けるとどう変わるのか？
- どんな人に興味を持ってほしいのか？
- 過去にどんなことを学び、それが自分をどう変えたのか？

「私なんか初心者だし」「他の人と比べるとまだまだ」「もっとすごい人がいる」と、自分を卑下《ひげ》する必要はまったくありません。

タグ付けの方法

①「投稿に追加」にある「人物をタグ付け」ボタンを押す

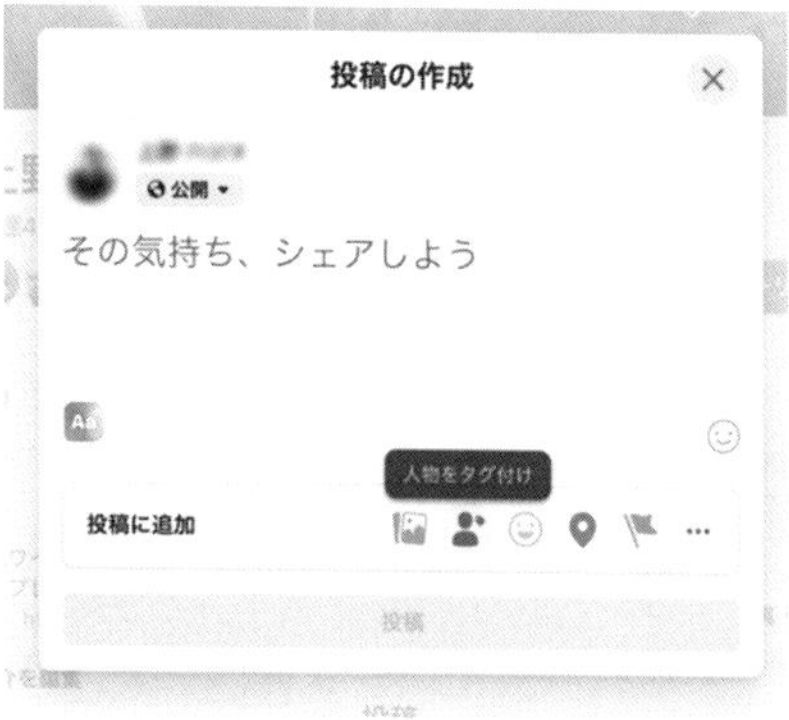

②「タグ付け」の「友達を検索」から、タグ付けしたい人を探してクリックする

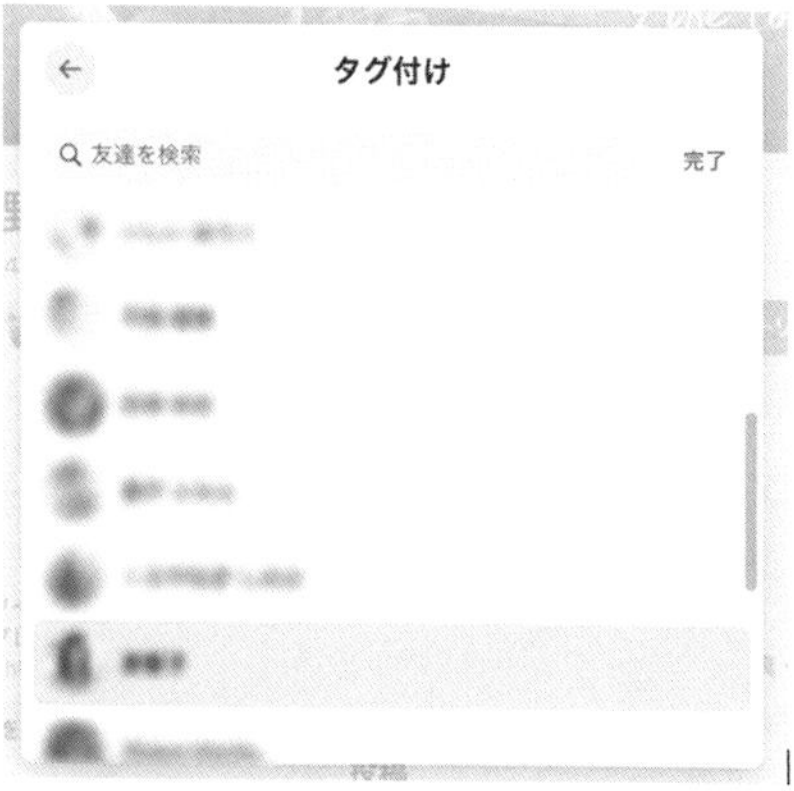

自分を大きくも小さくも見せなくていいのです。等身大の自分で言葉を尽くし、気持ちを込めて、自分は何者なのかをたんたんと伝えていきましょう。

5日目の他者紹介、他者を応援する投稿とは、尊敬する人や、自分が学んだ先生、同じ勉強をしている仲間や、グループのメンバーたちを、Facebookの「タグ付け」や「シェア」機能を使って紹介していく投稿です。

「タグ付け」機能とは、「人物をタグ付け」というボタンを押して、紹介したい人のアカウントを選び、投稿に「○○さんと一緒にいます」という表示が出るようにするものです。

「シェア」は、相手の投稿の下のほうにある「シェア」というボタンを押し、「フィードでシェア」を押すと、その投稿を自分のタイムラインにコメントつきで投稿できます。

タグ付けやシェアをすると、それが相手に通知され、その人のタイムラインにも同じ投稿がアップされるので、自分と友達になっていない人にも自分の存在を知ってもらうきっかけになります。

そこから新しい関係が始まる可能性も大いにあるのです。

応援した相手は、コメントで感謝を伝えてくれたり、自分が応援を必要としたときには、真っ先に力になってくれたりします。

ファンを作りたいなら、まずは自分から積極的に人を応援すること。

これはプチ起業を進めていくうえで、大事なポイントです。

ですから、タグ付けやシェアを積極的にしていきましょう。

「共感される投稿」と「スルーされる投稿」の決定的な差

毎日投稿していくと、「いいね！」やコメントがたくさんつくときと、そうではないときがあることに、気づきます。

次の2つのことに気をつけると、投稿がスルーされることは減ってきます。

スルーされないコツ❶ ウケ狙いネタや自虐ネタを投稿しない

プチ起業でFacebookを使う目的は、自分について知ってもらい、「この人、なんかいいなぁ」とファンになってもらうことです。にもかかわらず、料理やペット写真の投稿に終始する人がいます。どんなに「いいね」を集めてもウケ狙いの投稿だけでは集客につながりません。

投稿するときは、次の2つの質問を自分に問いかけてみてください。

人から憧れてもらえるようなライフスタイル投稿になっているか?
人から信用してもらえるようなビジネス投稿になっているか?

大切なのは、**自分のライフヒストリーや、好きなこと、理想を発信すること。感じたこと考えたこと、気づいたことを素直に発信していくことです。**

ただ、素直な気持ちを投稿すればいいといっても、「自虐ネタ」はなるべく避けましょう。

親近感を抱いてもらったり、人間くささを演出したりするために、自分のダメな側面を投稿する起業家さんがいますが、それが効果を発揮するのは、すでに実績もあって活躍している人だけです。

プチ起業初心者は、「この人のことをもっと知りたい」と人から興味を持たれ、敬意を持ってもらえる投稿を意識していきましょう。

スルーされないコツ❷ 人の目を気にしすぎない

「こんなことを書いたら、人からどう思われるだろう？」

「こんな自己開示をしたら、かっこ悪いと思われないだろうか？」

「私には投稿できるようなことは何もない」

「他の人の投稿に比べて、自分の投稿には魅力がないんじゃないか」

と、心のベクトルが、外ではなく自分にばかり向いてしまうと、投稿するのが怖くなります。

こんな思考に陥ってしまったら、次のように考えてみてください。

「人は私に何を求めているんだろう？」

「人の悩みを解消するために、私が役に立てることは何だろう？」

「どうやったら自分のスキルを人のために使えるだろう？」

人にどう思われるかばかり気にしていると、ふわっと表面をなでただけのような投稿になってしまい、「人となり」が伝わりづらくなってしまいます。

料理やペット、美しい風景の写真を投稿するにしても、そこに**「何を感じたか」「何を学んだか」「どうしたいと思ったのか」**を表現していきましょう。

「どうやったら自分のことを知ってもらえるか」に集中すれば、「人からどう見られるだろう」という内向きな思考は、自然と消えていくはずです。

スルーされないコツ③ 自分のことを知らない人を念頭において書く

投稿するときはいつでも、「自分のことを知らない人が投稿を見るかもしれない」と思って、自分を知ってもらうための情報を盛り込んでおきましょう。

どこに住んでいるのか？
どんな人生を歩んできて、今誰と暮らしているのか？
何を楽しみに日々を過ごしているのか？
どんな仕事をしているのか？　どんな仕事をしていきたいのか？

それらを繰り返し発信していってください。

「一度書いたことはもう書かないほうがいいのでは？」と考える必要はありません。友達全員がその投稿を見ているわけではありませんし、見ていたとしても覚えているとは限りません。

私はかつて、ハワイで情報誌の編集長をしていた時期があり、その時期を知っている人からは、「ハワイに住んでる上野さん」として知られていました。

人は、「この人はこういう人だ」という情報を一度インプットすると、何年経ってもそのように思い込んでいるものです。だから、ハワイを離れて10年以上経っているのに、いまだに私がハワイに住んでいると思っている人がいます。

一方、最近出会った人は、私がテキサスに住んでいることを当たり前のように知っているので、「上野さん、ハワイに住んでいたことがあるんですか？」と逆に驚かれることもあります。人から見る自分の印象はこれくらいあやふやなもので、常に「初めて出会う人」を意識した投稿をしましょう。

いくら同じような投稿をしても、人は「読まない、信じない、すぐ忘れる」ものです。同じことを何度も丁寧に伝え続けて、自分のことを知ってもらいましょう。

人に憧れられるような記事を書くコツ

繰り返しになりますが、プチ起業でFacebookを使う目的は、**「自分のことを知ってもらうため」**、そして、**「『この人すごい』と憧れてもらうため」**です。でも、「この人すごい」と思ってもらうには、どんな投稿をしたらいいのか、迷いますよね。

人から「すごい」と思ってもらうためには、自慢をしたり、自分を大きく見せたり、身の丈以上の発言をしなければならないのではないか？　と思われるかもしれませんが、そうではありません。

やることはただ一つ。

自分のこれまでの経歴を、そのまま書けばいいだけです。例えばこんな感じです。


「この考え方は、私がかつてインドでアーユルヴェーダの資格を取得したときに、マスターから教わったことで……」

「19歳のときに留学したオーストラリアの大学で、カルチャーショックを受けたことがきっかけで……」

「管理職に任命されて17年。最初は『ダメ上司』そのものだったけど、部下の成長を見守ることで……」

「何となく働き始めた職場だったけど、パソコンについて学べて良かったです。仕事を辞めて10年経つけど、今でもサクサク使えるからです」

いかがでしょう？　本人としては特別に「すごい」とは思わないかもしれませんが、知らない人から見たら、「すごいなぁ」と思ってもらえるに十分な経歴です。

「でも、私には、語るほどの経歴がないんです……」という人は、いきなり文章を書こうとせずに、InstagramやXでよく使われる「ハッシュタグ（#）」のように、自分にまつわる「キーワード」と「数字」を20～30個くらい書き出してみてください。

私だったらこんなキーワードを挙げます。

アメリカ在住28年、ゲイ、ＬＧＢＴ、ハワイ移住、社長、編集長、ロサンゼルス、ベジタリアン、テキサス、移住人気№1、ＮＬＰマスタープラクティショナー、レイキマスター、多読家、マラソンランナー、コールドプレスジュース、愛犬家、時間と場所に縛られないライフスタイル、ヘルスコンシャス、作家、未来の小説家、未来のビリオネア、死ぬまでセクシー、死ぬまで現役

「すごい」と思っていただけましたか。

中には私の願望も入っていますが、自分としては当たり前のことばかりです。

しかし、人から見ると「すごい」ことなのです。

ですから、ウソをついたり、誇張したりする必要はありません。

誰しも人に「すごい」と思ってもらえる要素は必ずあるので、ただそれを表現していけばいいだけです。

教育改革実践家の藤原和博さんが、著書『藤原和博の必ず食える1％の人になる方法』（東洋経済新報社刊）の中で、こんな内容を書いています。


「1万人、100万人の中の一人になろうとしてもなかなか難しい。けれど、100人に一人ならば、意外となれるかもしれない」

そして、100人に一人を、3つ掛け合わせていくと、「100分の1」×「100分の1」×「100分の1」＝「100万分の1の存在」になっていけるというのです。

一つ一つが、ものすごくなくていい。ほかにたくさんいたっていい。でも、複合的に掛け合わせた瞬間、そこにオリジナルの世界が生まれてオンリーワンになれるのです。そんな存在になるためにも、自分を象徴するようなキーワードを並べてみましょう。この作業は、次の「商品作り」にもかかわってくる大切な要素なので、ぜひやってみてください。

STEP 4

無理せず自然と5万円稼げるようになる「商品づくり」

商品づくりの基本は、同業者との「差別化」
ライバルに差をつける商品ができる4つの「ずらし」テクニック
「個人セッション型か」「複数参加型か」を決める
商品作りで最も大事なのは作り込まないこと
「誰もやっていないサービス」を思いついたときは要注意！
誰でも今すぐ魅力的な商品がつくれるとっておきの方法
起業塾迷子になってしまう人の特徴

商品づくりの基本は、同業者との「差別化」

①メンタルを整える②パソコン周りを整える③Facebookを始めるときたら、準備は完了です。いよいよ本格的にプチ起業に取り組んでいきましょう。

まずは商品づくりです。

「人生の棚卸し」をすると「差別化」はカンタン

プロローグでもお伝えしましたが、私がプチ起業家さんにおすすめしているのは、物販ではなく、セミナーやセッション、カウンセリングなどのサービスをオンラインで提供するスタイルの起業です。

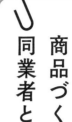

これから提供するものは、「商品」ではなく正しくは「サービス」です。ただ、「商品」と言ったほうがわかりやすいところは「商品」と表記します。

サービスとは例えば、1対1でのセッションやカウンセリング、コンサルティング、あるいは複数の人を集めて講座・セミナー開催したりすることです。

お客様の問題を解決したり、願望実現に寄り添ったりして、「教える」ことが仕事になります。


しかし、こういう話をすると、こんな反応が返ってくることがあります。

「人に教えられるようなことなんて、ありません」

「人に何かを教えるなんて、おこがましくてできません」

しかし、そんなことは絶対ありません。これまで生きてきた中で、蓄積されてきた膨大な量の知識やスキル、経験を必要としている人は必ずいます。

これから、その見つけ方をお伝えしていきます。

まず取り組むことは、ご自身の中に眠っている知識やスキル、経験を一つ一つ棚卸ししていくことです。

それをやることで、商品作りはグンと楽になっていきます。

- 学校で学んだこと
- 子どもの頃にやっていた習い事
- 大人になってから始めた趣味
- 好きなこと、好きなもの、好きな人
- かつてのめり込んでいたこと
- 今のめり込んでいること
- 「将来のために」と思って取得した資格や専門スキル
- これまで仕事をする中で身につけたスキル
- 人から評価されたこと、よく褒められること
- 得意だと自覚していること

これらの項目について、ノートに書き出してみてください。最初はすぐに思い出すことはできないかもしれませんが、時間をかけて振り返っていけば、必ず記憶の扉は

開きます。

どうしても書けないときは、周りの人の力を借りてみてください。

親しい友人や知人、家族、仕事仲間に、

「私の長所ってどこだろう？」

「○○さんから見て、私のすごいって思うところはどこ？」

「私の得意なことって何だろう？」

と聞いてみるのです。すると、客観的な視点が加わります。そして、

「他の人から見たら、私のこれってすごいスキルだったんだ」

「当たり前にやっていたことだったけど、これって商品作りのヒントになるかも」

「みんなできると思っていたけど、私は特別うまくできるみたい」

ということが見つかるはずです。

特に見つけてほしいのは、**「自分としては当たり前にできることなのに、他の人には難しいこと」**です。これが見つかれば、商品作りのベースはできたようなもの。

それを見つけるためにも、なるべく多くの人の力を借りてみてください。

今やみなさんには、リアルな友達や知り合いだけでなく、Facebook 上にも「友達」

がいるはずです。

そのとき大事なのは、**「こんなこと誰でもできる」「別に人に教えられるほどでもない」「もっとすごい人がいっぱいいる」という思い込みを捨てることです。**

「自分にしか教えられないことは絶対にある」という意識で探してみてください。

先輩起業家のサービスをリサーチしよう

得意なこと、できること、人に教えられることが何となくわかってきたら、次はリサーチをしてみましょう。

リサーチとは、**先輩の起業家たちが、どんなサービスを提供していて、どれくらい人気があるのかを調べてみることです。**

リサーチといっても、マーケティングの知識を身につけたり、細かな売上の推移を調査したりする必要はありません。インターネットやFacebookで検索して、出てきた情報を何となく眺める程度でＯＫ。

例えば、私のところにきた受講生の事例をご紹介しましょう。

「グルテンフリーのお菓子作り教室でプチ起業を始めたい」とやってきた、受講生さん。Facebookを始めて、友達も増えてきたところで、いよいよ商品作りを始める段階になったとき、次のことをやってもらいました。

リサーチのコツ❶ インターネットでキーワード検索をする

まずは、彼女がやりたいと思っている「グルテンフリーのお菓子作り教室」から、キーワードを思いつく限り10個以上出してもらいます。

グルテンフリー、お菓子、レッスン、アレルギー、講座、アトピー、レシピ、オンラインレッスン、講座、お菓子作り教室

そして、思いついたキーワードから2、3個をピックアップして、組み合わせを変えながらインターネットで検索してみます。例えばこんな感じです。

「グルテンフリー　お菓子作り教室」

「グルテンフリー　お菓子　レシピ」

「グルテンフリー　オンラインレッスン」

すると、リアル教室やオンライン講座を開催している人の情報や、グルテンフリーのお菓子作り教室で扱っているレシピなどの情報がたくさん出てきます。

ここでやってほしいのは、キーワードの組み合わせを変えながら、毎日1時間ずつ検索していくことです。

「1時間も？」と驚かれるかもしれませんが、調べていくうちに案外のめり込んでいくものです。3日間くらい集中して行ってみてください。

このとき、講座料や生徒数、時間などの「数字」はひとまず気にしなくて大丈夫です。**優先すべきは、「業界を何となく把握すること」**です。

「興味を持っている人はどのくらいいるのかな？」

「教室に来る人って何を求めているんだろう？」

「どんな食材を使っているのかな？」

「こっちの先生は感じがいいけど、こっちの先生は何となく怖そうだな」

こんな視点でぼんやりリサーチしていってください。
すると、何となく「こういった教室が人気なのかも」ということがわかってきます。
この感覚が大事なのです。

リサーチのコツ❷ SNSでキーワード検索をする

インターネット検索に慣れてきたら、次はSNSでも同じように検索してみましょう。検索しやすいのはInstagramとアメーバブログ（アメブロ）です。

インターネット検索のときと同様にキーワードを組み合わせて入力したら、検索結果をざっと眺めてみます。そして、「この人のサービスは面白そうだな」「私もこういったスタイルで教室をしたいな」と思った人が出てきます。そこでその人のSNSをフォローしたり、メルマガに登録してみましょう。

このときも、真剣に投稿を見たり、メルマガをすべて読んだりしなくてOK。
「なるほど、こんなふうにやるといいんだな」とゆるくリサーチしていきましょう。

リサーチのコツ③ Amazonの「本」カテゴリーでキーワード検索をする

最後に、Amazonでもリサーチしてみましょう。

検索カテゴリーで「本」を選び、インターネット検索と同じように、キーワードを組み合わせて検索をかけてください。

検索結果で出てきた本や、「この商品に関連する商品」の中から、気になる本を追いかけたり、商品説明を覗《のぞ》いてみたりします。

できれば、気になった本を10冊くらい買ってみてください。本には、著者の知恵や知識が惜しみなく盛り込まれていて、商品作りの教材として最強です。パラパラとページをめくるだけで業界通になれますし、世界が広がっていきます。

リサーチのコツ④ 人気講師の研究をする

インターネットやSNS、Amazonでリサーチをしたら、人気講師に注目をしてみてください。プチ起業初心者は、自分と同レベルの人の真似をしがちですが、「売れている講師」「人気のある講師」から学ぶことのほうが圧倒的に多いものです。

売れている講師、人気のある講師を見分けるには、チェックポイントが3つあります。

①情報が頻繁に更新されているか?
②イベントや講座の募集状態がどうなっているか?
③過去の講座の写真やお客様の声が掲載されているか?

情報が頻繁に更新されていれば、活動が活発であることがわかります。

また、講座が常に「満席」「残席わずか」となっていれば人気の証です。

さらに、参加したお客様の感想が載っていて、それがポジティブなものであれば、多くの人から信頼されている講師だということがわかります。

人気講師を見つけたら、

彼ら彼女らが日々、ＳＮＳやブログでどんなことを発信しているのか？

どんな信念を持って教室を開催しているのか？

信頼される秘訣はどこにあるのか？

を学んでいきましょう。そして、その学びを商品作りのアイデアを膨らませるための参考にしてください。

リサーチしていくと、「こんなこと、自分にもできるだろうか」と不安になることもあります。しかし、あくまで今はリサーチの段階です。

自分が提供しようと思っている商品は市場で求められているものだろうか？

どれくらいの人が同じようなサービスを提供しているのだろうか？

お客様になってくれそうな人が多そうな業界だろうか？

リサーチは、そんなことをぼんやりと把握するためにやってみてくださいね。

ライバルに差をつける商品ができる4つの「ずらし」テクニック

売れる商品は「ずらす」ことから生まれる

リサーチが終わったら、いよいよオリジナルサービスを作ってみましょう。

サービス作りにはコツがあります。それは、他の人が提供しているサービスと**少し「ずらす」作業をしていく**というものです。

「ずらす」とは、他の人が提供している商品、人気講師が提供している商品、常に満席の商品などを参考に、**自分だけのオリジナル要素をちょっとだけ加えて、違う商品を作っていく**ことです。隠し味とかスパイスみたいなものだと思ってください。

ただ、いきなり「ずらす」と言われても、どこをどんなふうにずらせばいいかわかりませんよね。そこで、次の4つのポイントから「ずらす」を考えてみてください。

ずらすコツ❶ お客様を「ずらす」

お客様を「ずらす」とは、「私のサービスは、こういう人のこういう役に立てます」と、対象のお客様をピンポイントではっきりさせることです。

「老若男女、あらゆる人の役に立ちます」「同じ悩みを持ってる人なら、誰にでも効きます」と、**お客様の対象を広くするのは、避けるようにしてください。**

「お客様の対象が広いほうが、ビジネスチャンスは増えるでしょう?」と思うかもしれませんが、プチ起業家さんの場合は逆です。

他の起業家さんと同じようなサービスを提供した場合、当然ライバルが多くなってしまいます。仮にそうした同業者さんと競合した場合、同業者さんのほうが先行している分、実績もありますから有利になります。

ですから、**お客様の間口は狭く取ることを意識してください。**

実際、次のような事例があります。

ある女性は、コーチングでプチ起業したいと私のもとにやってきました。どんな商品を考えているのか尋ねると、

「私は、コーチングを受けたことで人生が変わりました。だから、なるべく多くの人にコーチングを受けてほしいと思っています。そこで、『理想の未来が必ず手に入るライフコーチング』という商品を作ろうと思っています」

と言います。

しかし、コーチングを提供している起業家さんは山ほどいます。さらに、「理想の未来が必ず手に入る」では普通すぎて、他のサービスとの差別化もできません。

そこで私は、「対象としているお客様を絞ってみてはいかがでしょうか？」と提案しました。彼女は、コーチングを受けたことをきっかけに起業して人生が変わったのだから、例えば、「起業したい人」に限定したコーチングのサービスを提供すれば、他のサービスとの差別化ができるのではないかと思ったのです。

彼女は私の提案を聞き入れて、あらためてインターネットやSNSで市場をリサーチし直しました。さらに、自分自身が物静かな内向型の性格の持ち主で、50代半ばであることも特長として打ち出し、「起業を目指す『内向型アラフィフ女性』のための、

自己肯定感アップを実現するコーチング」というサービスを作り上げました。

「起業を目指す」
「内向型アラフィフ女性」
「自己肯定感アップ」

一つひとつのキーワードはよく使われているものです。しかし組み合わせることでオリジナリティが打ち出せます。さらに、どんな人に、どんなことを提供するサービスなのかが、わかりやすくなりました。

このように、**対象とするお客様を、大きな市場から小さな市場へとずらす。**対象が狭くなれば、他と差別化ができるだけでなく、**小さな市場でトップを狙うことも可能です。**

ずらすコツ❷ レベルを「ずらす」

お客様には初級者から上級者まで、いろいろなレベルの人がいます。**どのレベルの**

人にサービスを届けたいか？　という視点も、ライバルとの「ずらし」に役立ちます。

初心者には初心者の、上級者には上級者の悩みがあるものですから、どのレベルの人に商品を提供したいかを考えてみてください。

【初心者向けの例】

- 初めてZoomを使う人のための「イベント開催」方法
- バナーもスライドも自由自在！　Canvaの始め方
- パソコン何でも初めて相談アドバイス

【上級者向けの例】

- 売れるほどに忙しい人のために！　仕事の自動化3つのステップ
- 売れる！　高額講座の作り方
- 仕事時間を半分にする「時短SNS投稿術」

ずらすコツ❸ プラスアルファを加えて「ずらす」

関係がないように見える2つの要素を組み合わせて商品を作るのも、「ずらす」テクニックの一つです。

例えば私は、コーチングに、西洋占星術を組み合わせた商品を作ってみました。西洋占星術で自分の運勢や使命、向いている仕事を把握したうえで、夢を叶えるためのコーチングをするという商品だったのですが、なんと2年間で100名以上に受講していただきました。

通常なら、コーチングか西洋占星術、どちらかを商品として提供しますが、組み合わせることでお客様の関心を引くことができます。

◎例1「カラー診断」×「風水」

↓「カラー診断×風水」で運を上げる「お部屋コンサルタント」

◎例2「ファッションコーディネート」×「プロフィールライティング」
→ファッションコーディネートもできる「プロフィールライティング」

◎例3「犬用」×「ローフード」×「しつけ」
→犬用ローフードの作り方もわかる犬のしつけレッスンアドバイス

ずらすコツ❹ 引き算して「ずらす」

商品は、1から10まで至れり尽くせりの内容になっているから売れるとは限りません。**ポイントを厳選することで、お客様が申し込みやすい価格で提供するという「ずらし方」もあります。**

例えば、私は、「マイベイビーステップ」という超初心者向けの起業講座を開催しています。その講座を立ち上げる前に、いろいろな起業講座をリサーチしてみました。すると、多くの講座が、「月商100万円を目指す！」など、本格的であることに気づきました。

また、そういった講座は6ヶ月などの長期型が多いので、その分受講料も高額になり、初心者が申し込むにはハードルが高くなるだろうと予想しました。

一方で、低額の起業講座もたくさんあるため、いくつかリサーチしてみました。すると、集客講座やライティング講座、マーケティング講座など、カリキュラムが細かく分かれている単発講座が多いことに気づきました。

この形式だと足りない知識やスキルがあれば、そのつど新しい講座に申し込むことになるので、結局費用がかさみます。さらに、これから起業を始めようとする人には、起業の全体像が見えづらいだろうと考えました。

そこで私は、「月にあと5万円だけ収入を増やしたい人」に限定したサービスを作りました。

そして、プチ起業初心者に最低限これだけは知っておいてほしいと思う知識とスキルに特化した講座を作りました。その結果、3ヶ月という短期講座を作り上げ、価格も15万円におさえることができました。

このように、**他の人が提供している一般的な商品から少しずつ不要な要素を引き算していくことも、テクニックの一つです。**

「ずらす」で商品作りをすると差別化できる

私の起業塾で学んだ生徒さんたちが、実際に作った講座をご紹介しましょう。

Instagramで「月にあと1万円」を手にするPR案件獲得術

Instagramの使い方を教える講座の多くが、「集客に使える方法」「フォロワーを一気に増やす方法」を教える中、企業からのPR案件を獲得する方法に特化した講座を作ったところ差別化に成功。主婦に大人気の講座となりました。

マイルを上手に貯めて子育てママがプラチナライフを実現する方法

「マイ活（マイルを貯めること）」「ポイ活（ポイントを貯めること）」をわかりやすく解説する講座。「時間もお金もない」と旅行を諦めている子育てママに、「プラチナライフ」という言葉が刺さり、高額ながらも大人気講座となりました。

起業初心者向け万能グラフィックツールCanvaの始め方

グラフィックツールを使うのが初めての人には、Canvaを始めるにしても何から手をつけたらいいかわからないものです。そこで、「Canvaの始め方」に特化した講座を作ることで、他の講座との差別化に成功しました。

冷えはおブスのもと！体も心も温まる魔法の冷えとり薬膳講座

難しそうと思われがちな薬膳ですが、「冷え」を今すぐ解決したい人にターゲットを絞ったことで他との差別化に成功。「おブス」という言葉を使って、「美容への効果」も連想させたことで、「今すぐ需要」を満たす講座に。

「個人セッション型か」「複数参加型か」を決める

オンライン起業の商品には2つのタイプがある

オンライン起業で提供する商品には、大きく分けて2つの形があります。「個人セッション型」と「複数参加型」です。

1 個人セッション型

個人セッション型とは、お客様と1対1で向き合うスタイルのサービスです。

占い、コーチング、カウンセリング、コンサルティングなど、1対1でお客様とじっくり向き合ったほうがいいサービスを提供している人は、こちらを選んでください。

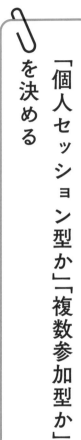

1対1型のサービスを展開する場合は、**2**の複数参加型の講座と比べて1回当たりの単価を高めに設定することが大事です。

2 複数参加型

料理教室やダイエットなどの健康系、メイク、実用的な心理学系、自己啓発系などのサービスを提供したい人は、複数人を集めて行う講座スタイルがいいと思います。

複数参加型の講座の最大のメリットは、時間単価が高くなることです。同じ1時間3000円のサービスでも、個人セッション型で1人に提供すれば売上は3000円ですが、複数参加型で5人に提供すれば、売上は1万5000円になります。人数を集めれば集めるほど、時間当たりの売上は上がっていきます。

商品の値決めに困ったらこれを参考にしよう

「個人セッション型」か「複数参加型」かを決めたら、価格を考えてみましょう。

オンラインでサービスを提供するスタイルのプチ起業は、Facebookで友達が増えて、安定して商品が売れるようになっていけば、価格を自由にグレードアップしていけます。

しかし、プチ起業初心者の多くは、

「自分なんかがお金を受け取っていいんだろうか」

「お金を受け取ると緊張して本領が発揮できない」

という思いがまだあると思います。ですので受け取っても心の負担にならない価格から始めていくことをおすすめします。

売れ筋商品の相場は、だいたい次のようになっています。これはあくまで目安なので幅があります。インターネットやSNSで再びリサーチ活動をして、自分が参入しようと思っている業界の相場を調べてみてくださいね。

【個人セッション型】

単発セッション（60～90分）　5000円～3万円

3ヶ月継続セッションセット（60～90分）　3万円～15万円

6ヶ月継続セッションセット（60～90分）　15万円～30万円

【複数参加型】

1Dayセミナー（60～120分）　3000円～1万円

3Dayセミナー（60～120分）　1万円～5万円

8週間講座（各回60～120分）　5万円～30万円

12週間講座（各回45～60分）　15万円～45万円

大切なのは、「あなたがいくら欲しいのか」ということ。

月5万円のプチ起業であれば、このような計算が成り立ちます。

- 5000円の商品を10名に販売する。
- 1万円の商品を5人に販売する。
- 2万5000円の商品を2人に販売する。
- 5万円の商品を1人に販売する。

初心者ほど、５０００円で10人集めるほうが簡単そうだと考えてしまうのですが、現実はそうではありません。

意外と２万５０００円を２人や、５万円を１人のほうが、するっと楽に達成できる場合も多く、継続的に活動しやすいものです。

お客様が基準にしているのは、「金額」というより「価値」。これだけのことを学べて、自分がこんなに変われるならば、この金額は安いというように、あくまでも対価として得られるものと金額との比較で決めています。

その辺も実際にやると感覚がつかめていくので、まずはとにかく始めてみましょう。

人は金額だけで物を買うのではないということが、やってみればすぐにわかるはずです。

同業者に差をつける「ネーミング」のコツ

商品の内容が固まってきたら、次は、人から興味を持ってもらえる商品名をつけていきましょう。

セッション名やセミナー名、講座名をつけることを「ネーミング」と呼びますが、**プチ起業はこのネーミングが集客にダイレクトに影響します。**

ネーミングをする前の準備として、まずはノートを用意して、次の2つの質問への答えをノートに書き出してみてください。

①理想のお客様はどんな人で、どう変化してほしいのか？
②誰も使っていない商品名は何か？

誰もがオンラインでプチ起業できる時代ですから、強いオリジナリティがなければお客様に認知してもらえません。そのために、まずは自分がどんなお客様の役に立ちたいのかを、徹底的に考えていきましょう。

これを、専門用語でUSP（ユニーク・セリング・プロポジション）というのですが、プチ起業では、「自分ならでは」の特徴や売り、独自性を打ち出していく必要があります。

また、大手企業や有名ブランド、著名人よりも圧倒的に無名で弱者である私たちがビジネスをするには、小さな世界でトップを狙うしかありません。

だからこそ、オリジナルの商品名をつけることにこだわってほしいのです。

そして、**商品名を考えるときの一番のコツは、とにかく数を出すことです。**

コピーライターの橋口幸生さんは、著書『100案思考』（マガジンハウス刊）の中でこんなことをおっしゃっています。

「1案しか持ってこない人のアイデアが優れていたことは、ただの一度もありません」

10案でも20案でも30案でも、とにかくたくさん商品名を出してみましょう。そして、自分だけのオリジナル商品名をつけてみてください。

かっこよさにこだわるなど、どこかで聞いたようなふわふわとした商品名だと、すぐに埋もれてしまいます。

風変わりだけど印象を残せる、キレの良い商品名を作りましょう。

オンリーワンの「商品名」をつけよう

オンリーワンの商品名をつけるためには、数を出すことが大事です。たくさん出す中で、きらりと光る案が見つかるはずです。

大人かわいい色香で 女が蘇る着物の魔法 大人かわいい着物塾	マイルで夢が叶う！ 好きな場所にも行ける！ 上質な旅と ライフスタイルを実現する プラチナマイルトラベラー
親子の絆が深まる ベテラン保育士と学び 自然遊びナビゲート	ブロックを解き放って 人生を300%楽しみ尽くす ブロックリリースコーチング
40歳から始める 内向型女子の婚活塾	髪の艶は人生の艶 毛先のカールは ウキウキ上向きな心♪ 日本美人髪協会認定 美人髪マスタークラス
潜在意識の書き換えで もう繰り返さない 間違いだらけの男性選び ダメンズコーチ	イタリア在住 ソムリエコーチ直伝 豊かな出会いが熟成される 若返りワイン社交術

商品作りで最も大事なのは作り込まないこと

合い言葉は「とにかくやってみる！」「修正はあとで！」

さて、ここまでは商品作りのスキルについて紹介してきましたが、商品作りをするときに覚えておいてほしいことがあります。

それは、**時間をかけて、完璧な商品を作ろうとしない**ことです。

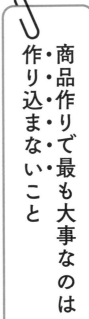

「ちゃんと商品を作らなければ、売り出せないじゃないですか」

と思ってしまう人も多いと思うのですが、実は**時間をかけて作ったからといって、良い商品になるとは限らないのです。**

かえって最初から完璧な商品を提供しようとすると、うまくいかなかったときに、

「こんなに完璧に仕上げたのにどうして……」とモチベーションを下げてしまいます。

しかし、「とりあえず作って、やりながら微修正していこう」と思うと、ちょっと失敗しても「修正するための良い材料になる」と前向きに受け止められます。

何よりオンラインプチ起業の良さは、売り出しては微修正して、お客様からのフィードバックをもらっては微修正して……ができることです。

微修正しながら、お客様が望む商品を作り上げていきましょう。

「PDCA」というビジネス用語を聞いたことはあるでしょうか？

Plan（**計画**）、**Do**（**実行**）、**Check**（**評価**）、**Action**（**改善**）のそれぞれの頭文字を取った言葉のことです。

商品作りも、Pから順番に始めて、Aまでやったらまた P に戻ることを繰り返していくことでより良い商品になっていきます。

私は、PDCAをこんなふうに言い換えています。

Plan（計画）…「こんな感じの商品はどうかな？」と思い浮かべてみる
Do（実行）…とりあえず身近な人に試してみてフィードバックをもらう

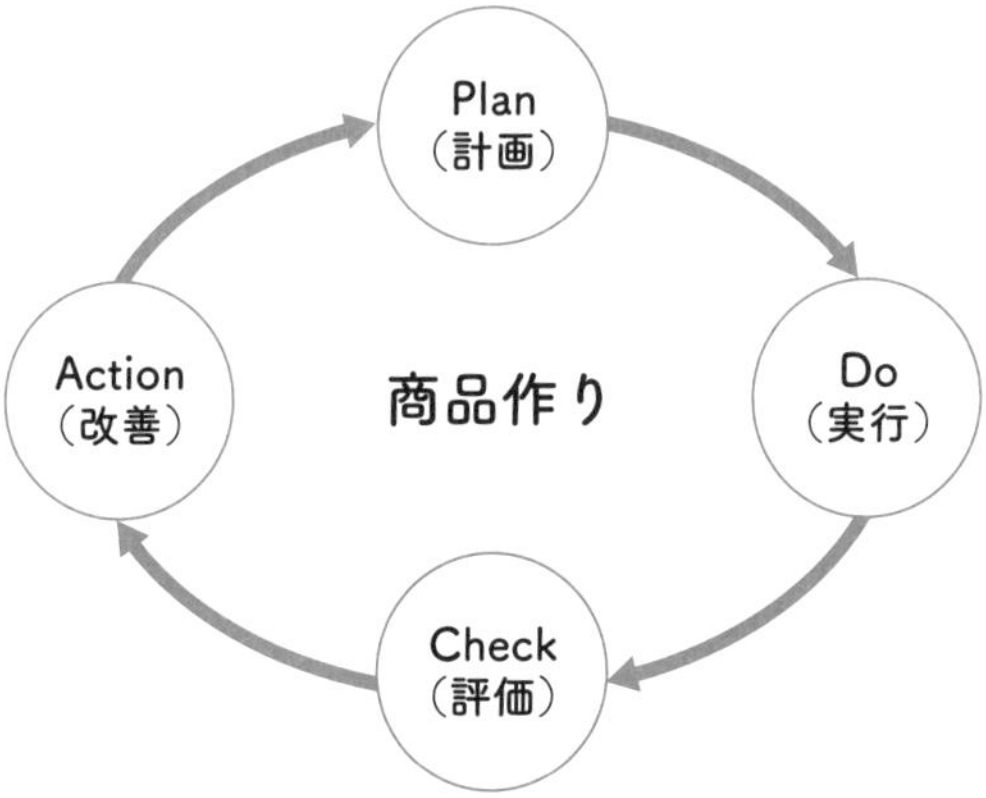

Check（評価）…フィードバックをもとにどこを修正したらいいか考えてみる
Action（改善）…修正を反映させて、商品をマイナーチェンジしてみる

大切なのは、最初から完璧な商品を作ることではなく、修正の余地を残した「ざっくりとした商品」を作ること。

完璧を目指したくなったときこそ、**「とにかくやってみる！」「修正はあとで！」**を合言葉にやってみてください。

「誰もやっていないサービス」を思いついたときは要注意！

「誰も提供していない」＝「ニーズがない」ことも

「商品作りのために業界のリサーチをしましょう」とお伝えしてきましたが、リサーチをするときに気をつけてほしいことがあります。

例えばリサーチをしていくと、

「まだ誰も提供していない商品でチャレンジしたい」

「これまでに見たことがないような商品を作るぞ！」

という気持ちが湧いてきます。

商品作りおいて差別化は、とても大切な要素です。

しかし、「誰も提供していない商品」を思いついたときは要注意です。

なぜなら、**誰も提供していないということは、「お客様からのニーズがないから、誰も提供していない」という可能性を秘めているから。**

また、プチ起業初心者の人たちが、ついやってしまいがちな失敗に、

「自分がこういう商品が好きだから」

「自分がこういうサービスが欲しいから」

と、自分の「好き」や「欲しい」だけを頼りに商品作りをしてしまうということがあります。

しかし、**商品作りの基本は、「お客様が求めてくださるか？」です。**あくまで主役はお客様。

「誰もやっていない商品」「どうしてもやってみたいサービス」を思いついたときは、完璧に作り上げるのではなく、一度売り出してお客様の反応を見てください。

お客様に「今すぐ欲しい」と言わしめる「HARM」の法則

お客様の求めるものを作るには、大きく2つの視点が必要です。
それは**「今すぐ欲しいものを提供する」サービスにするのか、「いつか必要になるものを提供する」サービスにするのか**、です。

私はそれぞれ、「今すぐ需要」と「いつか需要」と呼んでいますが、プチ起業初心者さんが、商品作りに取り組むときは、「今すぐ需要」を満たす商品を売り出すと、「月にあと5万円」が叶いやすくなります。そして、人が「今すぐ欲しいと思うこと」は、次の4つの頭文字「HARM」で表すことができます。

H＝Health　健康（病気、体力、美容、ダイエットなど）
A＝Ambition　野心（将来の展望、夢、期待など）
R＝Relationship　人間関係（家族、恋人、職場、友人との関係など）
M＝Money　お金（豊かさ、資産形成、収入、税金、生活費など）

例えば初夏になって薄着になる頃に、「夏までに3キロ落としてビーチで視線を集めるあなたに大変身！」などと呼びかけられたら、ドキッとする人はたくさんいますよね。

「あなたの貯金が1年で2倍になる方法を教えます！」

「しわ・たるみが消えて10歳若返る、朝5分の簡単美容」

「たった5分の投稿でセミナーに20人集める方法」

このように、人々が潜在的に持っている明確で緊急性の高い悩みに響くようなキャッチコピーを考えれば、お客様は興味を持ってくれます。

一方「いつか需要」を満たす商品とは、「受けてみればいいのはわかってるけど、今じゃない」と思われがちのものです。

例えば、健康のための食事や運動などの見直しは、大切とわかっていてもつい後回しにしがちです。コーチングやカウンセリングも同じです。

もし、提供しようと思っている商品が、「いつか需要」に該当するものなら、具体的なメリットを明確に打ち出してください。

さらに、「今すぐできそう！」「簡単そう！」「始めてみたい！」と思ってもらえるような商品名をつけてみてください。

例えばこんな感じです。


「そのむくみは隠れ冷え性から！　いつもの食材でポカポカ体質になる時短薬膳3つのレシピ」

「集中力が200％アップする！　自宅でできる毎朝2分の運動習慣」

「望む未来を確実に引き寄せる！　朝晩5分の魔法の手帳術」


手軽そうで、楽しそうで、メリットもありそう。

そんなふうに感じてもらえたら、お客様は動き始めます。

内容
ベーシック講座は、「コスメを手作りする」＋「セルフブランディングをして生きたい未来を作る」講座。「なりたい自分」をイメージしながら、オリジナルの基礎化粧品を作っていく。アドバンス講座ではオリジナルのブランド名とラベル作りをする。
個人コンサルタントを通じて、お客様に最適なマイルの貯め方、ポイントの貯め方を提案する。お客様に伴奏しながら目標を達成していくコンサルタントで、契約期間に応じて価格が変わる。
喪失の痛みや悲しみを癒やすグリーフケアのスペシャリストを養成する認定講座。本場アメリカで資格を得た講師が展開する 3 ヶ月講座。
数あるインスタの集客講座の中でも、「ストーリー」機能にフォーカスをしたもの。誰にでもできるのに「毎日問い合わせが入る」など、結果が出やすく、起業家に人気の講座。
着付け講師歴 15 年のプロが、「なりたい自分」を着物でプロデュースする講座。表彰式、結婚式、舞台への登壇時など、ハレの日を着物で飾りたい人に向けたサービスを提供。プロデュースプランでは写真撮影のセットアップを行う。
基礎講座は、食事による体質改善指導を行いながら「冷え」を解消する1ヶ月プログラム。アドバンス講座では、美容や体質改善を主軸に食事指導を行い、メニューアドバイスも行う。
「宣伝画像」や「インスタ投稿用画像」などを作りたい人に向けた「Canva 入門講座」。基礎講座では、Canva の操作に慣れるところまでを指導。アドバンス講座では、思い通りの画像を作るためのトレーニングを行う。
巻き髪を習得する方法を学び、髪にも人生にも艶を与えて、いきいきとした未来を描けるようになる講座。道具の選び方、やけどしない巻き方のテクニックを学べる。アドバンス講座では、「なりたい未来」と「個性」をかけあわせたオリジナルのヘアスタイルを見つける。
一級建築士でもあり、風水カウンセラーでもある講師が、快適な空間作りを指導する講座。家族を優先して自分の居場所をなくしがちなママを対象に、「理想の未来」「理想の空間」をわがままに実現するプログラム。
風水を使って、「開運できる家作り」「快適に過ごせる家作り」をするための入門講座。認定資格を提供する講座も用意。

商品作りのサンプル

ここに紹介する商品やサービスは、私の起業塾を受講した生徒さんたちが実際に作ったものです。参考にしてみてくださいね。

商品・サービス名	肩書	価格
Self Love Skin Care 「ワタシを愛おしむ」手作り化粧水作り	手作りコスメ アドバイザー	ベーシック講座　49,800 円 アドバンス講座　98,000 円
ドリームトラベル サポートプラン	プラチナマイル トラベラー	プラン別で 35 万円～ 50 万円
グリーフケアスペシャリスト 養成講座	グリーフケア エデュケーター	認定講座　248,000 円 ビジネス講座　398,000 円
インスタで月 1 万が叶う！ スキマ時間で プチお小遣い稼ぎ入門	インスタストーリー集客コンサルタント	30 日基礎講座　59,800 円 90 日応用講座　198,000 円 インスタ講座開講コース　298,000 円
着物セルフプロデュース 基礎講座	着物セレブ プロデューサー ／着付け師	基礎講座　50,000 円 アドバンス講座　100,000 円 プロデュースプラン　400,000 円
スッキリ薬膳美人 毒出しデトックスで冷えを解消	ビューティー 薬膳セラピスト	基礎講座　50,000 円 アドバンス講座　100,000 円
ド素人画像からの脱出作戦 はじめての Canva 画像制作入門	超ビギナー女子向け魅力表現デザイナー	基礎講座　50,000 円 アドバンス講座　100,000 円
アラフォー、アラフィフからでも人生の艶を取り戻して 自分史上最高のワタシになる	美人髪コンサルタント 巻き髪講座インストラクター	ベーシック講座　50,000 円 アドバンス講座　100,000 円
好きに囲まれて暮らす♪ 人生の感度が上がる部屋活講座	未来のワタシ空間 創造アカデミー 主宰	298,000 円
風水家相アドバイザー 養成講座		入門講座　50,000 円 認定講座　200,000 円

誰でも今すぐ魅力的な商品がつくれるとっておきの方法

「型」を使えば、誰でも今すぐすごい商品ができる

ここで、商品のイメージがまったくわかない人のために、誰でもすぐに商品ができるとっておきのサンプルをお届けしましょう。いきなり高額の講座や、長期にわたる本格的なものは難しい、という方でもすぐに真似していただけるお手軽な型です。

講座名：「がんこな便秘がウソのように消えていく30日体質改善チャレンジ」
期　間：　5月1日～5月31日
価　格：　1万9800円

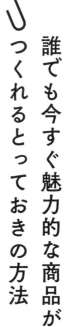

人　数：　何人でも（まずは3名目標）
場　所：　Zoomのグループ講座4回＋診断＋個別の食事プラン＋Weeklyレポート

この型のポイントは3つです。

【ポイント①】30日という長期型にすると説得力とお得感が出る

慢性的な悩みである便秘の解消を解決するのに、「一瞬で」「たったこれだけで」というアプローチは説得力に欠けます。

それよりも、30日で少しずつ食を改善することで、お通じも良くなりますよ、と訴えたほうが納得感はあります。

1回、2回のセミナーというより、30日ずっと学べるというイメージがお得感にもつながります。

【ポイント②】「定価5万円→モニター価格1万9800円で」、お得感は倍増

ポイント①の点から、ある程度、密度の濃い学びが得られそうなイメージがあるため、多少高額でもお客様はお金を出しやすくなります。

定価5万円のところ、初回モニター価格ということで1万9800円の価格提示をすれば、お得感は倍増。これだけついてお得！　と申し込みが入りやすくなる仕掛けです。


【ポイント③】実際にやることは少ないので継続して実施しやすい

30日チャレンジといっても、講師は毎日働く必要はありません。Zoomで週に一度、合計4回、講座を開催するだけ。

診断を出してもらって、個別に食事プランをおすすめすること（体質別にあらかじめパターンを作っておけば、提出するだけで済みます）。そして、週間で出してもらうレポートに目を通して、簡単なコメントを返すこと。

それだけです。

あらかじめパーツが揃っていれば、講座開催のときにかかる時間は、3名受講生がいたとしても、10時間もかかりません。

10時間で6万円ですから、時給にしたら6000円。パートよりも、よっぽど楽に稼げてしまいますよね。

もちろん、受講生が5名になれば、約10万円。事務作業の分だけ、手間は増えるとはいえ、時給は限りなく1万円に近くなります。

また、「〜チャレンジ」という言い方は、短い期間だけがんばりさえすれば、効果が出そうな感覚も演出できて、とても便利です。

最近は、ブートキャンプなんていう言葉も同じように使われています。

お客様に合わせて、響く言葉を考えていくのも、クリエイティブで楽しい作業です。

起業塾迷子になってしまう人の特徴

「完璧な商品でないと売ってはいけない」をやめよう

ここまで学んできた人なら、もう頭の中には確固とした商品イメージができあがっていることでしょう。あとは、商品の名前、提供する内容、価格を最終決定してできあがりです。

「え、そんな簡単に決めていいんですか？」

そう驚く方も多いかもしれませんが、ビジネスの正解は、一つではなく無数にあります。

商品は、ＰＤＣＡを繰り返しながらブラッシュアップすることが何より重要で、最初から完璧を求めて机上で練ってばかりいては、いつまでも世の中に出すことはできません。

しかし、ここで思い切れないまま、商品ができないからと起業塾を転々とする「起業塾迷子」になってしまう方も多くいらっしゃいます。

繰り返しますが、商品は一度できあがったからといってそれで終わりではありません。リアルなフィードバックを受けながら改善に改善を重ねていくことで、より磨かれ、素晴らしいものになっていきます。

そこでまずは、お客様候補に提案してみましょう。そして、反応を見てみましょう。そのために開くのが、次のＳＴＥＰで紹介する「体験会」です。

STEP 5

欲しいお客様が自然と集まって売れる「体験会」の開き方

- 体験会で本商品を売ってみよう
- 体験会が今すぐ開ける6つのステップ
- 体験会では、お客様満足度を高めてはいけない理由
- 迷うお客様の言い訳を言い訳で終わらせないコツ
- 商品の申し込みが倍増する「シーディング」とは?
- 「無料体験会」に申し込む人は、キャンセル率も高い

体験会で本商品を売ってみよう

イメージは「デパ地下の試食コーナー」

「メンタルを整える」「環境を整える」「Facebookを始める」「商品を作る」と進んできたら、いよいよ、「体験会」を開いて本商品を売ることにチャレンジをしてみましょう。

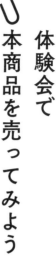

「体験会」とは、STEP4の「商品を作る」でできあがった商品を、ほんのちょっぴり体験していただくお試し講座のようなものです。

デパ地下の試食コーナーのように味見をしていただくことで、「これ欲しい！」「試してみたい！」と購買意欲につなげるのが目的です。

気をつけなくてはいけないのは、サービスを提供しすぎてはいけません。セミナーという名前で集客するのに、何も教えないなんて怒られそう…とばかりに、あれもこれもと詰め込む人がいるのですが、それでは逆効果。お腹がいっぱいになってしまっては、人はその商品を買う気持ちがなくなってしまいます。

体験会の目的は、３つ。

①本商品を体験することで実現できる未来の姿を見せる
②「この商品ならば自分にもできそう」と感じさせる
③理想の未来へとたどり着くための道筋を見せる

この道筋を案内してサポートするのが、あなたとあなたの商品であることを実感いただければ、お客様は安心して本講座へと足を進めてくれるでしょう。

体験会が今すぐ開ける6つのステップ

体験会の準備は2ヶ月前から始めよう

体験会の開催日を決めたら、2ヶ月前から準備を始めましょう。

■準備①：Facebookに投稿するための告知文を作る

- 誰のための、どんな問題を解決する体験会なのか？
- 参加すると何を得られるのか？

この2つを簡単な言葉でコンパクトにまとめます。開催日時や定員数、料金、申し込み方法、申し込みの締め切りなどを必ず記載してください。

告知文のサンプル

／
私を愛おしむ♡ スペシャル化粧水ワークショップ in 東京 & 大阪
＼

・毎日がせわしなく過ぎていく
・最近自分を見失いがち
・朝晩のスキンケアが面倒くさい
・自然の香りで癒やされたい
・なるべくナチュラルなコスメを使いたい

そんな皆さまに今日はとっておきのお知らせです。

いつもはアメリカのシカゴよりオンラインでお伝えしている Self-Love Skin Care 講座を体験できるワークショップを東京と大阪で開催します！

植物由来の天然素材と高品質な精油を使って私だけのスペシャル化粧水を作るワークショップです。

美しいガラスボトルに入った化粧水をお肌につけた瞬間、癒やしの世界に誘われるそんなスペシャルな化粧水です。

材料・器具・容器はすべてこちらでご用意しておりますので手ぶらでご参加いただけます。

エイジングケアに適したとっても良い香りの精油を 10 種類ほどご用意します。

保湿度合いもお好みにアレンジ可能です。

【東京の会】
日時　　：○月○日（○曜日）16:30 - 18:30
場所　　：JR「○○○○」駅近く
参加費　：5500 円（材料・容器代込み）
定員　　：6 名様
※場所の詳細は、お申し込み後にお知らせします。

【大阪の会】
日時　　：○月○日（○曜日）13:00 - 15:00
場所　　：JR「○○○○」駅近く
参加費　：5500 円（材料 容器代込み）
定員　　：4 名様
※場所の詳細は、お申し込み後にお知らせします。

皆さまのご参加、お待ちしております。

お申し込みはこちらから！

http://www.xxxx.co.jp/xxxx（申し込みフォームの URL を入れる）

■準備②：Canvaで集客力のある告知画像を作る

次に、告知文に添える告知画像をCanvaで作りましょう。

できればデザインやキャッチコピーを変えて数種類作って、数回に分けて投稿をすると、たくさんの人にアピールできます。

告知画像で一番大切なのは、**「なぜ、あなたがこの会に参加すべきなのか」を端的に表すキャッチコピーです。**

Canvaでうまくデザインができないときは、専門スキルを持った人に依頼できる「ココナラ」などのサイトで、デザイナーに依頼するといいでしょう。1デザイン5000～1万円程度で依頼できます。

Facebookでセンスのいい告知画像を投稿している人を見つけたら、その人にデザイナーを紹介してもらうのもいいでしょう。

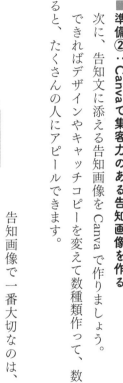

経費をかけるのは怖いかもしれませんが、画像の質が集客を左右するので、ここはケチらないでください。

■準備③：申し込み用の「フォーム」を作る

インターネット上には無料の申し込み用フォームサービスがたくさんあるので、ぜひ活用してください。「Form mailer」「Formzu」「Google Forms」などが有名です。

時々「メールやメッセンジャー、LINEで申し込んでください」という案内を見かけますが、これはおすすめしません。必ず申し込みフォームを使ってください。

- プロらしく見えるので信頼してもらえる
- 安心して料金を支払ってもらえる
- 必要事項を漏れなく記入してもらうことができる
- 自動返信機能を使うことで連絡の手間が省ける
- 参加者のメールアドレスを知ることができる

申し込みフォームには自動返信機能がついていますが、体験会の2、3日前と前日

申し込みフォームのサンプル

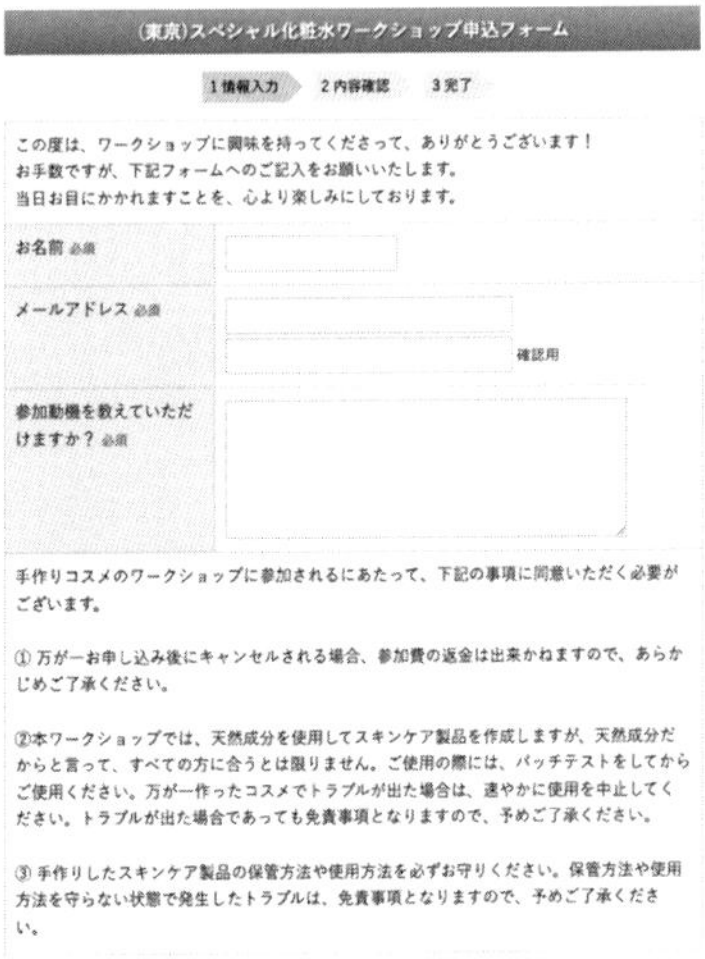
(東京)スペシャル化粧水ワークショップ申込フォーム

1 情報入力　2 内容確認　3 完了

この度は、ワークショップに興味を持ってくださって、ありがとうございます！
お手数ですが、下記フォームへのご記入をお願いいたします。
当日お目にかかれますことを、心より楽しみにしております。

お名前 必須

メールアドレス 必須

確認用

参加動機を教えていただけますか？ 必須

手作りコスメのワークショップに参加されるにあたって、下記の事項に同意いただく必要がございます。

① 万が一お申し込み後にキャンセルされる場合、参加費の返金は出来かねますので、あらかじめご了承ください。

②本ワークショップでは、天然成分を使用してスキンケア製品を作成しますが、天然成分だからと言って、すべての方に合うとは限りません。ご使用の際には、パッチテストをしてからご使用ください。万が一作ったコスメでトラブルが出た場合は、速やかに使用を中止してください。トラブルが出た場合であっても免責事項となりますので、予めご了承ください。

③ 手作りしたスキンケア製品の保管方法や使用方法を必ずお守りください。保管方法や使用方法を守らない状態で発生したトラブルは、免責事項となりますので、予めご了承ください。

には、あらためて体験会の日時と内容を、お客様に自分で連絡してください。なぜなら、申し込んだことを忘れている人が少なからずいるからです。都合が悪くなってキャンセルする人もいるので、参加人数を随時確認するようにしましょう。

申し込み状況が良ければ、Facebookでその喜びを投稿するのも効果的です。思ったよりも参加者が多くて増員したり、追加日程を出せるのなら、その盛況ぶりをぜひFacebookに投稿してください。

盛況ぶりを表現するのに、告知画像の上に「満席」という文字を大きく入れた

自動返信のメッセージのサンプル

〇〇〇〇さま

このたびは「〇〇〇〇（講座やセミナー名)」へのお申し込みをありがとうございます！

お支払いについての詳細をお伝えします。

今回の参加費は5,500円（税込）となります。

クレジットカードまたは銀行振込、どちらでも結構です。
24時間以内に決済をお済ませください。

1）カード払い（5,500円・税込）
https://www.paypal.com/cgi-bin/xxxxxxx

2. 銀行振込（5,500円・税込）
〇〇〇銀行　〇〇〇支店
普通
口座番号：〇〇〇〇〇〇
口座名　：ウエノハジメ

お支払い確認が取れた方には、
事務局より24時間以内に、
ご連絡を差し上げます。

上野ハジメ事務局

■ポイント
文末の署名は個人名にするよりも「個人名＋事務局」「セミナーの名前＋事務局」にすると、お客様は安心してお支払いに進めます。

り、「あと2席」と残席数を入れたりして告知し直すのも効果的です。
人は、流行っているものや人気があるものが大好きです。まだ申し込んでいない人にも興味を持ってもらえるように、自分で盛り上げていきましょう。

■準備④：クレジット決済ができるようにする

申し込みフォームの自動返信メールには、支払い方法を必ず記載するようにしてください。クレジット決済ができればベストですが、銀行振り込みも支払い方法として用意しておくと安心です。参加者の中には、家族にクレジットカードの使用履歴を見られたくないという人がいるからです。

銀行振り込みは、インターネットバンキングの手続きさえすれば、ウェブサイトやアプリから振り込み状況をタイムリーにチェックできます。

クレジット決済は手数料が引かれるので嫌がる人がいるのですが、手数料は必要経費です。経費のまったくかからないビジネスはありませんし、何より、参加者にすぐに支払ってもらったほうが安心できます。

オンライン決済でおすすめなのは、「PayPal（ペイパル）」や「Square（スクエア）」

「Strip（ストライプ）」です。手数料やサービス内容を比較しながら、自分に合ったものを選ぶといいでしょう。中でも「PayPal」は人気があり、多くの人が利用しています。迷ったら「PayPal」を選べば大丈夫です。

①～④までの準備ができたら、Facebookでどんどん告知を始めていきましょう。

■準備⑤：Zoomの有料プランに申し込む

自分のサービスを提供するときは、オンラインで開催していくことが多くなります。ですので、事前にZoomの動作確認をしっかりしておきましょう。

Zoomは、無料プランだと40分で強制終了されてしまいますが、有料プランに切り替えると時間制限がありません。無料プランの時間内である40分で、何とか体験会を終えようとする人がいますが、おすすめしません。最安プランで十分ですので（月額2000～2500円程度）、アップグレードしてから使いましょう。

心ゆくまで体験会を行ったり、そのあとに本講座の説明をしたり、質疑応答に答えたりするのに40分では短すぎるからです。制限時間があると時間に気を取られて体験会の質が下がります。必ず有料プランに申し込むようにしましょう。

Zoomの有料プランの申し込み方法

①Zoomのウェブサイト（https://zoom.us/）にアクセスして「無料でサインアップ」をクリックする

②「年齢の確認」で「生年」を入力する

③「始めましょう」でメールアドレスを入力する

④「メールを開いてコードを確認してください」で、登録したアドレスに届いたメールに記載されている数字のコードを入力し、「検証」をクリックする

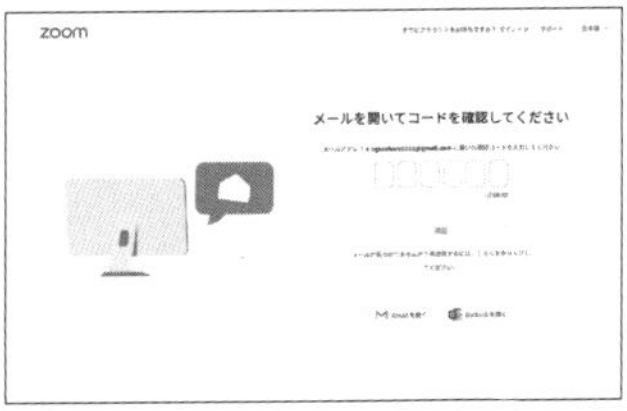

⑤「アカウントを作成」で「名」「姓」「パスワード」「パスワードを確認する」を入力し、「教育関係者の場合」の項目に該当するようならチェックを入れる

⑥「プランと料金」で「個人」を選び、「プロ」の「プロにアップグレード」から支払いをする

⑦下部にある「ダウンロード」をクリックしてパソコンにアプリをインストールする

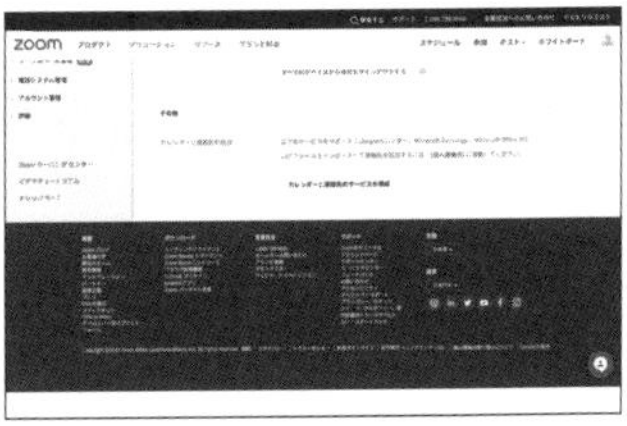

スライドのNG例

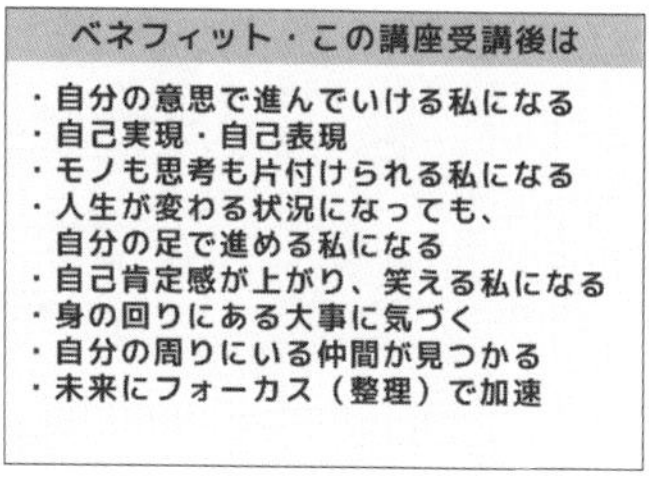

これらは文字が多過ぎてセミナーには不向きです

■準備⑥：スライドを準備する

体験会のみならず、オンラインで講座を開催するときは、スライド（講義内容をまとめたもの）を画面共有して講座を進めるようにしましょう。

スライドもCanvaで作れます。YouTubeにCanvaでスライドを作る方法を紹介した動画がたくさんあるので、参考にしてください。

スライド作成で大事なのはエンターテインメント性です。いくら内容が良くても、文字が多いと読みにくくなったり、参加者が読むことに集中して話を聞いてくれなくなったりするので、紙芝居を作る雰囲気で、写真と大きな文字だけでレイアウトしていってください。

おすすめするスライド例

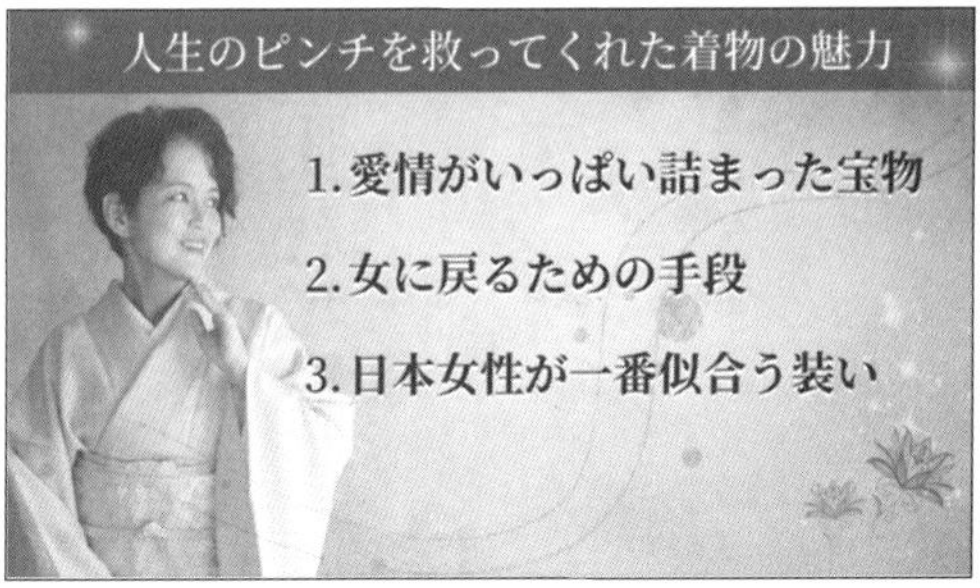

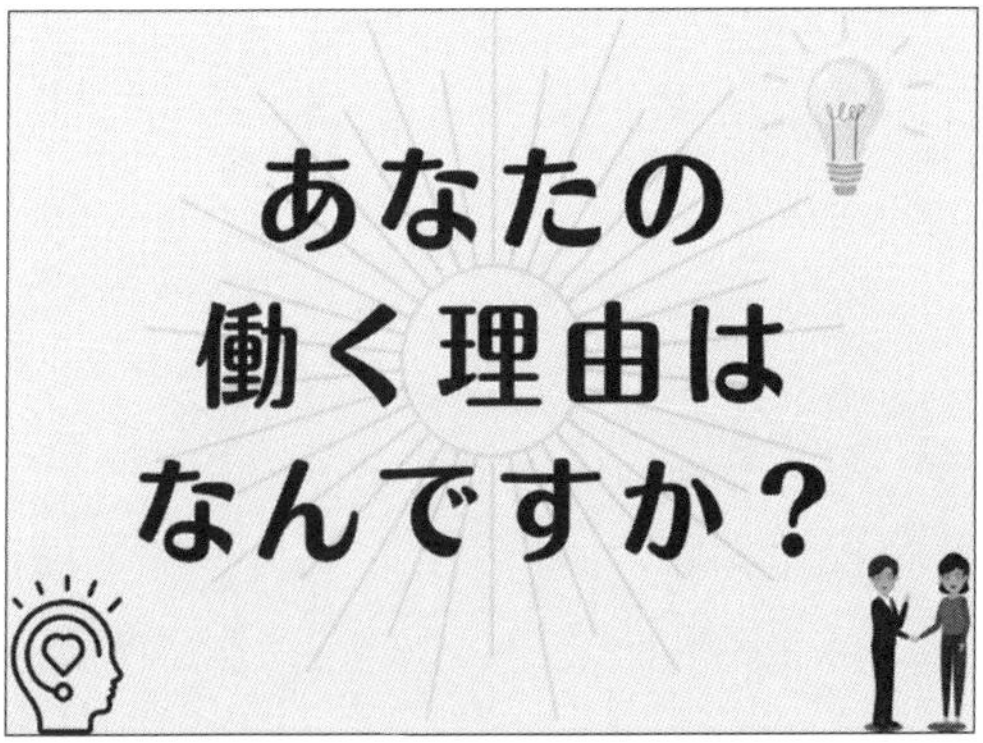

文字が大きく、見やすいのが大事。
イラストや写真でわかりやすさを演出しているのもグッド

Canva のお役立ち豆知識

■豆知識①

画面左上の「背景色」のアイコンから背景色も変えられます。いろいろ試してみて、インパクトのある色を選べば、Facebook のタイムラインでも人の目を引くことができます。

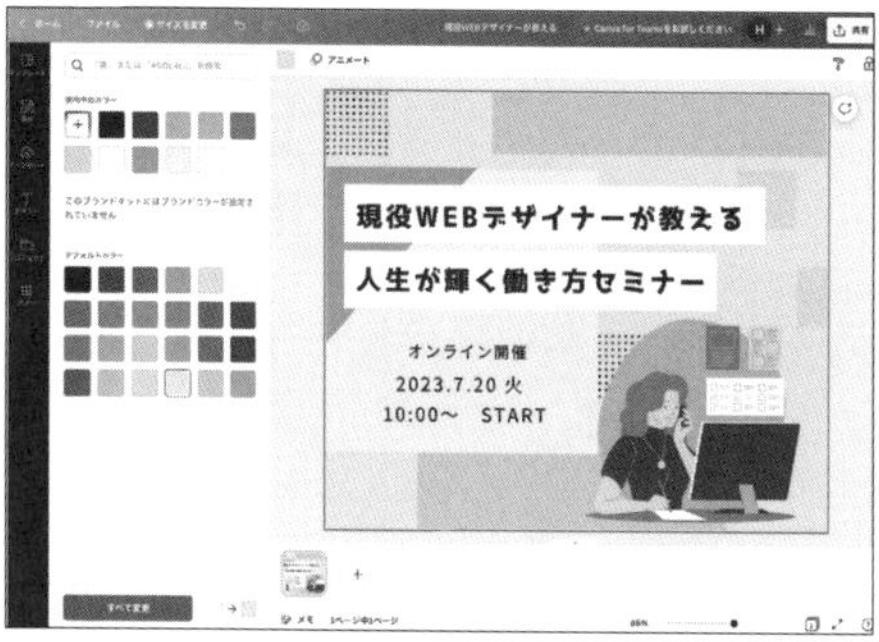

■豆知識②

画面左の「素材」からイラストを足すと、デザインがイキイキします。例えば、無料イベントを開催するときは、検索窓に「FREE」と入れて画像を選択してみてもいいです。

体験会では、お客様満足度を高めてはいけない理由

赤字続きだった私の体験会

体験会で自分の持っているノウハウを惜しみなく教えようとする人がいますが、間違いです。

むしろ、**すべてを教えないのがポイントです。**

起業した当時、私も勘違いしていて、知識をたくさん詰め込んで、参加者のみなさんに満足してもらうことが、体験会の目的だと思っていました。そのため、体験会ではいつも、私が時間いっぱい一人で話し続けていました。

それでも、私が開催していた体験会は3000円くらいで、当時はFacebookもう

まく使えていなかったので、集まるのも10人くらい。1回の体験会で5万円の売上が出ればいいほうで、交通費と会場費を引けば大赤字でした。

それでも、「勉強になりました！」「すごく参考になりました。自分でもやってみます！」と言っていただけるのが嬉しくて、自分の持っている知識を「これでもか」というくらい詰め込んでいました。

反響も良かったので、本講座に進んでくれる人は多いだろうと思っていたのですが、本講座に進んでくださった方はほとんどいませんでした。なぜなら、**体験会で「お腹いっぱい」にさせてしまったからです。**

体験会は、「私もこんな未来が欲しい」「きっとこれをやると◯◯ができるようになる」と実感してもらうことが目的です。

自分の持っている知識やスキルをすべて教えてしまっては、本商品が売れなくなってしまいます。

体験会でやるべきことは、ただ一つ。

自分の商品＝講座やセッションが、お客様にとって絶対に必要なものだと思ってい

ただくことです。

そのために体験会をどのような流れで進めていけばいいかを、ご紹介していきます。

■体験会の流れ①：自己開示をする

体験会では、自ら進んで自己開示をすることが大事です。

また、自己紹介は、過去の経歴や実績を話すのではなく、「共感」を得ることを目的とします。「かつては自分も、みなさんと同じ悩みを抱えていた」ということを必ず伝えるようにしましょう。場合によっては、参加者よりも深刻な状況にあったことをアピールしてみるのも有効です。

そのためには、次の順番に従って話を進めていくのが効果的です。

①順風満帆だった日々に、突然危機が訪れた
②藁《わら》にもすがる思いで試行錯誤を始めた
③試行錯誤の中で、素晴らしい解決策に巡り合った
④その結果、驚くほど人生が変わった

⑤その方法を伝える使命感が生まれてきたのでサービスをつくった

まるでドラマや映画の主人公になったかのように語ることができれば、参加者に「私もこうなりたい！」と思ってもらえます。話しているうちに自分でも感極まってくるようにまでなれば、参加者も前のめりになって聞いてくれます。

自己紹介の例文　**婚活コンサルタント（40代／女性）のケース**

「40歳以上の内向型女子向け婚活コンサルタント」の〇〇〇〇です。

経済的に自立するまでに時間がかかり、35歳で念願の一人暮らしができるほどの収入になって、ふと周りを見たら驚いたんです。みんな、結婚して子どもが大きくなっているじゃないですか！

「私も、そろそろ本気で婚活しようかな」

そう思ったとき私は、すでに40歳になっていました。

きっかけは、ずっと一緒に趣味や旅行を楽しんでいた親友と、一生結婚しないと言っていた妹二人が同時期に婚約したことでした。

一人だけ取り残された気がして、やるせなくなったんです。

「これからの人生、私はどうなっていくのだろう……」って。

「私は、今まで何をしていたのだろう」

「人生の後半をどうやって生きていけばいいんだろう」

そんな不安があふれてくる中、「40歳からの婚活」「幸せな結婚」と、真夜中にスマホで検索するようになりました。

モヤモヤを何とか消したくて、毎日寝不足になるほど検索していたとき、婚活講座を紹介するある婚活ブログにたどり着きました。

タイミング良く講座への参加者を募集していたので、藁にもすがる思いで申し込みました。

参加した講座には20名ほどの男女が集まっていました。でも私は、もともと内向型で人と話すのが得意ではありません。その結果、成果はないのにお金だけは出ていく状態に。「もう結婚は無理だな」と、気持ちも消耗していきました。

そんなある日、私ががんばっている様子を見守ってくれていた友人が、今の私の夫となる男性を紹介してくれたのです。

彼は、物静かで穏やかで、優しい人でした。

「もしかしたら、これまでは探し方が間違っていたのかもしれない」

私や彼のように、内向型の人は、一人ひとりと向き合って、お互いのことを知れるような婚活スタイルのほうがいいのかもしれない。


この経験があったから私は、自分のように婚活講座やパーティーが苦手な人に向けて、マンツーマンでじっくりと向き合いながら、最適なパートナーを一緒に探す「幸せな結婚エンジェル」サービスを立ち上げたんです。


結婚なんてその気になればすぐできる。そう思って、ずっと仕事を優先してきました。でも、本気で新しい人生に向かう覚悟をしたことで、心穏やかな夫と出会い、幸せな結婚をすることができました。

結婚したおかげで生き方を変えることができ、今まで出会ったことのない人にも出会うようになって、人生がどんどん変化しています。心理学やカウンセリングの資格も取得して、人の心に寄り添えるスキルも身につけてきました。

私のお客様は、以前の私のように、一人で迷い、焦り、悩んでいる、内向型のおとなしい女性です。

今日は、私自身の婚活と、数々のお客様の婚活サポートを通じて学んだ、婚活成功のための3つの重要なマインドについてお話したいと思います。

どうぞよろしくお願いします。

■**体験会の流れ②：参加動機を話してもらう**

自己紹介が終わったら、参加者のみなさんにも一人2分程度で自己紹介をしてもらいましょう。時間オーバーにならないように、時間がきたら鳴るタイマーを用意します。

自己紹介をしてもらうときは、

①住んでいるところ
②年齢

③家族構成

④体験会への参加動機

などを話してもらうのがおすすめです。

特に、**参加動機は必ず話してもらいましょう。**なぜなら、参加動機には、参加者が抱えている悩みが含まれていることが多く、それが商品をブラッシュアップするために役に立つからです。

さらに、「なぜ私の体験会を選んでくれたのですか?」と質問できると、自分の「強み」を客観的に知ることができます。

「お客様から見て自分の何が良いのか」は、聞いてみないとわからないものです。ですから私も、体験会に参加してくださった方には、必ずこの質問を投げかけています。そして、回答を聞くたびに、予想外の言葉を聞いて驚いています。

「元経営者だから、ビジネスについて教えてもらえると思った」

「上野さんのライフスタイルに憧れていて、自分もそうなりたいと思っていた」

「上野さんがゲイなので、話しやすいと思った」

「日頃、Facebookで発信されている内容に共感している」

「若々しさを保つ秘訣を教わりたい」


起業した当時は、男性のお客様が多いだろうと予想していたのに、実際には9割が40歳以上の女性ということもあり、その理由を知りたかったのですが、おかげさまで、自分の「売り」もわかるようになりました。

「売り」や「強み」がわかれば、プロモーションにも日々の発信にも活用できます。それが、他の起業家さんとの差別化につながっていきます。

■体験会の流れ③：「ワークをする」↓「一人ずつ発表する」を3回繰り返す

参加者は、知識だけを求めて体験会に来るのではありません。

文字通り体験することを求めているので、「参加した」という実感が得られる「ワーク」を3回行います。

3回のワークは、次のような組み立てです。

1回目　自分の抱えている問題の根深さを考えるワーク
2回目　現状維持のままでいるとどうなるかを考えるワーク
3回目　問題を解決したらどんな未来が待っているのかを考えるワーク

これらのワークをするたびに、参加者一人ひとりに、考えたことを発表してもらいます。**発表の内容は必ず肯定的に受け止めて、決して否定しないようにしましょう。**

自分の言葉で発表したことは、その人の胸にしっかりと刻まれます。

また、指名するときは、60分の体験会なら3〜5回は参加者の名前を「さん」付けで優しく呼んでください。

人は、自分の名前を呼ばれると承認欲求が満たされ、呼んでくれた相手に親しみを感じます。

そして、「本講座に進めば、明るい未来が待っているかもしれない」と希望を抱いてくれます。

ここからは、実際のワークの例を紹介していきます。

ワークの事例紹介

3つのケース

事例1 ライフプランニングセミナーの体験会

事前ワーク（体験会の前にやってもらうワーク）

①円の外側に書いてある項目について、目を閉じて、一つずつじっくりと考えてみてください。
②理想の状態を10としたときに、それぞれの項目について、現状の数値に黒丸で印を書き入れてください。そのとき、自分に批判の目を向けず、感情的にならないようにしてください。
③それぞれの黒丸を線で結んでみましょう。

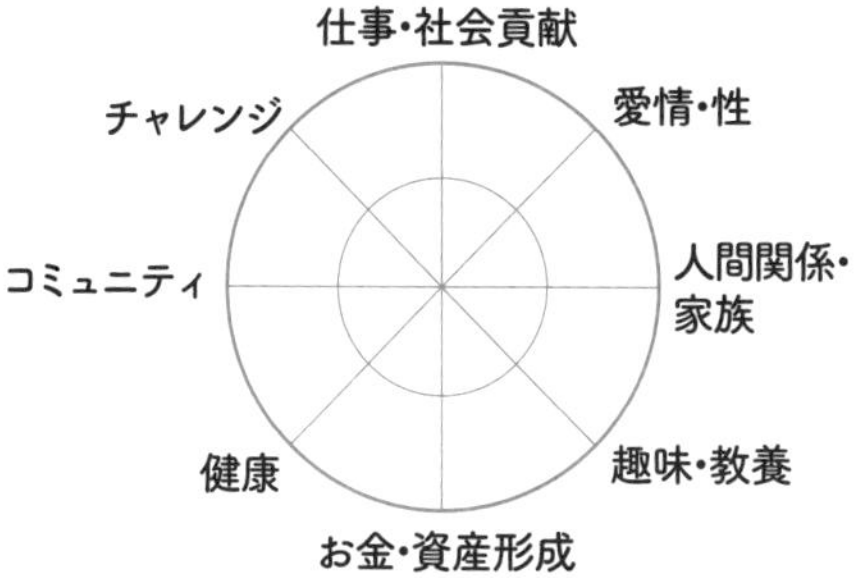

【1回目】 自分の抱えている問題の根深さを考えるワーク

事前ワークの図を見ながら、感じたことをシェアしてみてください。
輪の大きさを見てどう思いますか？
数値が低い部分について、その理由を教えてください。

【2回目】 現状維持のままでいるとどうなるかを考えるワーク

数値が低い部分について、どれくらいの数値になるのが理想ですか？
それを達成するための障壁となっているこ

とは何でしょう？
その障壁を取り除かなければ、どんな未来になると思いますか？

【3回目】　問題を解決したらどんな未来が待っているのかを考えるワーク

数値が低い部分が改善された未来を想像してみてください。
どんな気持ちになりますか？　五感でしっかりと味わってみてください。
障壁がなくなった未来で、挑戦してみたいことは何ですか？

事例2　**自然派化粧品作り教室の体験会**

【1回目】　自分の抱えている問題の根深さを考えるワーク

あなたの肌の悩みと不安に思っていることを、3つシェアしてください。

【2回目】　現状維持のままでいるとどうなるかを考えるワーク

化学物質が含まれる化粧品を使い続けたら、その悩みはどうなると思いますか？

それを解決するために、できることはありますか？

【3回目】　問題を解決したらどんな未来が待っているのかを考えるワーク

手作りの自然派化粧品を日々使い続けて肌トラブルが減ったとしたら、どんな気持ちになりますか？

肌がきれいになった顔を鏡で見ているつもりになって、褒め言葉を自分にかけてあげてください。

肌に自信が持てるようになった未来で、どんなことに挑戦したいですか？

それを達成したときのワクワクする気持ちを想像してみましょう。

事例3 冷え性改善の薬膳教室の体験会

【1回目】 自分の抱えている問題の根深さを考えるワーク

どんなときに冷えを感じますか？
冷えを感じたときに出てくる感情を3つ書いてください。

【2回目】 現状維持のままでいるとどうなるかを考えるワーク

冷え性改善のために、これまでにどんなことを試してきましたか？
改善はされましたか？
このまま冷え性を改善しないと、どんな未来が待ち受けていると思いますか？

【3回目】 問題を解決したらどんな未来が待っているのかを考えるワーク

冷え性が改善してエネルギーに満ち溢れた自分になれたら、どんなことに挑戦してみたいですか？
何でも願いが叶うとして、3年後にやりたいこと、叶えたいことを5つ書き出してみてください。

■体験会の流れ④：体験会の感想を聞く

ワークが3回終わったら、いよいよ体験会も終盤です。最後に、体験会の感想を一人ずつ発表してもらいましょう。

これまでの流れを丁寧に行っていれば、ほとんどの場合「とても良かった」という感想が聞けるはずです。

ここで批判的な感想が出ると全体の雰囲気が悪くなるので、改善点を聞くのだけはやめてください。聞けば参加者も、良かれと思って何かしらの改善点を探してくれますが、それを聞いても落ち込むだけです。

「今日はどんな点が良かったですか？」
「今日気づいたことを、他の参加者のみなさんにもシェアして終わりにしましょう」

などと、さりげなく誘導するといいでしょう。

■体験会の流れ⑤：本商品の案内と個別面談を受け付ける

最後に、本商品の案内をしてください。そのとき「売らなければ」と思うと途端に緊張してしまうので、「売ろう」という意識はいったん手放します。

代わりに、「体験会に満足してくださった参加者を、このまま帰してしまえば、彼ら彼女らが抱える問題は未解決になってしまう。それでは良くない」という気持ちで、本商品をすすめてみてください。

大切なのは、本商品は、参加者の悩みを必ず解決するものだと理解してもらうこと。

そのためには、本講座や本セッションを受けるとどうなるか、ビフォー・アフターを伝えて、未来を想像してもらえるようなことを語りましょう。

人は、今抱えている問題や課題がどのような手段で、どのように解決されるかを体感できたときに初めて商品やサービスを購入します。「夢を買う」といっても過言ではありません。

「悲惨な現状から抜け出して、明るい未来に進めるんだ」と想像できないと、「何だか難しそう」「無理かも」「自分にはできない」と思われてしまいます。

そして、「1回目はこういう内容、2回目はこれをやります」と、本講座のカリキュラムだけを説明するのはやめましょう。

それよりも、「サポート体制がしっかりしている」「他の参加者とも交流できるので孤独感がない」「誰にでもできる簡単なメソッドを紹介するので必ず成長できる」などのメリットを伝え、参加者に安心を感じてもらうことが大切です。

迷うお客様の言い訳を言い訳で終わらせないコツ

迷うお客様が必ず使う3つの言葉

ここまで丁寧に体験会をしても、参加者は本商品に申し込むときは慎重になります。そのとき、迷っている人がよく使う言葉が次の３つです。

「お金がない」
「時間がない」
「自信がない」

この３つの言い訳を封じるために有効なのが、**過去に本商品や本セッションに申し込んでくれた人たちの感想を紹介することです。**

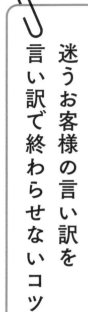

感想文をただ読み上げるだけでもいいですし、受講してくれた人が感想を話す動画などがあれば最高です。

「かつては彼らも、お金や時間、自信のなさを言い訳に迷っていたんです。でも、思い切って参加してみたら、支払ったお金以上の効果が得られて、欲しかった未来も手に入ったと言ってくれています」

そんな生の声を紹介できれば、参加者の迷いはなくなっていきます。

そのために、お話し会の時点で、5、6人の感想を集めておきましょう。

参加者は、案外誰かに背中を押してほしかったりするものです。

私は、背中を押すことこそ究極の優しさだと信じています。恐怖心や不安で動けなくなっている人の心を解きほぐし、「きっと問題は解決できますよ」と自信を持って伝えましょう。

最後に決め手となるのは、「必ずあなたを幸せにしてみせます！」というひと言です。

商品の申し込みが倍増する「シーディング」とは？

体験会にさりげなく「シーディング」を盛り込もう

何度か体験会を開催して慣れてきたら、ぜひトライしてほしいテクニックがあります。「シーディング」です。

「シード」とは「種」のこと。「シーディング」は、「種まき」という意味です。

本商品に申し込むとどんないいことがあるのか、体験会の最中にさりげなく盛り込んでいくのです。

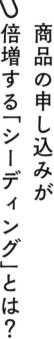

- 本講座や本セッションに参加することのメリット
- 金額以上の価値があるということ
- 体験会ではすべてを学べないから、本商品に申し込んでもらう必要があるということ
- 本商品に申し込まないと、最終的には問題は解決しないということ

具体的には次のように、会話の中に織り交ぜていきます。

「このメソッドはとても効果的なのですが、短時間ですべてをお伝えするのはとても無理なんです。本来は20個ある重要ポイントのうち、今日は2つだけ、みなさんにお持ち帰りいただきます」

ポイント

本商品では、残り18個のポイントを教えてもらうことができ、それによって劇的に成長することを印象づける。

「私はこのメソッドを確立するまでに約10講座を渡り歩き、10年で８００万円を

使っています」

ポイント

人は、最初に聞いた数字が記憶に残るので、はじめに大きな数字を伝えると、あとから紹介する本商品の価格を「安い」と感じる。

「うまくいかないのは、体験会から帰った瞬間に一人になり、現実に引き戻されるからなんです。だからこそ、お互いに支え合う仲間の存在が不可欠なんです」

ポイント

「この講座なら得られるものがありそう」「仲間が欲しい」と思ってもらえるようにする。

少し高度なテクニックではありますが、シーディングが使えるようになると、本商品への誘導はますます楽になります。

ぜひシーディングのコツを覚えて使ってみましょう。

「無料体験会」に申し込む人は、キャンセル率も高い

お客様は「安さ」を求めているのではない。「価値」を求めている

体験会を開けるようになったら、みなさんも立派なプチ起業家です。しかし、ここまでできていても、どうしても本商品へ誘導することができない人がいます。心のどこかに「お金を受け取ってもいいんだろうか?」という遠慮があるからです。実は私も、起業した当時はお金を受け取ることに苦手意識がありました。そのため、無料で体験会を開催していたこともあります。

あるときも、体験会を無料にしたことで、10人があっという間に集まりました。それが嬉しくて、当日はうきうきしながらZoomを立ち上げました。しかし、待

てど暮らせど現れない人が数人います。事前メールも送ったのに……。

今ならその理由がわかります。**「無料だから」という理由で申し込んできた人たちは、体験会に臨む態度も真剣ではなかったのです。**

自信がないことを理由に、無料で体験会を開催するのはやめましょう。**お客様は安さを求めているのではありません。価値あるものを求めています。**

人は、「高価なものほど品質が良い」「値段と効果は比例する」という先入観を持っています。いつまでも安い価格で商品を提供していると、自分の価値を下げてしまうことにもなりますし、本物の度胸もつきません。

それに、これまで一生懸命に知識やスキルを学び、毎日Facebookに投稿してきましたよね。がんばってきた自分のためにも、お金はきちんといただきましょう。

目指したいのは、**時間当たりの売上を最大化していくこと。**

それができれば、暮らしにも余裕が生まれます。その余裕を新たな学びの時間に変えて、商品の質を高めていきましょう。そうすれば、月5万円を得られるだけでなく、心の豊かさも手に入れることができるのです。

EPILOGUE

プチ起業をやめたくなったときに読んでください

考え方① 「苦手」＝「できない」ではない
考え方② 「時間がない」を言い訳にしない
考え方③ 自分に考える暇を与えない
考え方④ 何もしたくないときは単純作業に没頭する
考え方⑤ 習ったことはすぐに試す
考え方⑥ 「売る」＝「愛のお裾分け」と考える
考え方⑦ 自分で自分に許可を出す
考え方⑧ 余計な回り道をしない
考え方⑨ 心の中で「思ったこと」が現実になっていることを知る
考え方⑩ 思い通りにならないときに自分にかけると効果的な「6つの言葉」
考え方⑪ 一緒に学ぶ仲間をつくる

かつて会社を経営していたときに、京セラ創業者の故・稲盛和夫さんが主宰する「盛和塾」という経営者のための学びの会に参加していました。

稲盛さんの経営哲学の一つに「成功の方程式」というものがあります。


「人生・仕事の結果」＝「考え方」×「熱意」×「能力」


稲盛さんは、「熱意」と「能力」は0点から100点まであるが、「考え方」は、マイナス100点からプラス100点まであると言います。

つまり、**考え方がマイナスだと、「人生・仕事の結果」がマイナスになってしまう。だから、熱意や能力も大切だけど、それ以上に考え方が大切なのだということを学びました。**

これはプチ起業初心者のみなさんにもあてはまります。

「はじめに」で「起業は準備が9割です」とお伝えしましたが、さらに「『準備』のうちの9割はメンタルである」と言っても過言ではないくらいプチ起業家さんにとってメンタルは大事です。

そこでエピローグでは、プチ起業家さんがに学んでおきたい11の考え方をご紹介していきます。

考え方❶ 「苦手」=「できない」ではない

1つ目は、**「苦手」**についてです。

「パソコンが苦手」「Facebookが苦手」「雑談が苦手」「文章が苦手」「写真が苦手」。

こういう言い訳をして起業に踏み切れない人が多いのですが、私から言わせると苦手なんてありません。

苦手と思っていることのほとんどは、これまで避けてきたこと、経験してこなかっただけ。つまり、**「経験があるかないか」だけです。**

また、「できる」=「最上級レベルにならなければならない」と思っている人がいますが、そんなこともありません。

何より、写真も文章も、会話もプレゼンテーションも、セッションもセミナーも講座も、場数を踏めばうまくなります。

「苦手」「怖い」＝「できない」「無理」ではありません。

「苦手」「できない」と言いそうになったら、「私ならきっとできる」と自分に言いきかせることが、プチ起業成功の第一歩になります。

考え方❷　「時間がない」を言い訳にしない

「時間がない」を理由に、あれこれ後回しにしがちな人は、次の5つの方法を試してください。

コツ❶　1日の終わりに、その日やったことを記録する

- スマホは1日に何時間見ていますか？
- ゲームに何時間費やしていますか？
- そのネットニュースは全部読まないといけませんか？
- SNSに何時間取られていますか？
- テレビやYouTubeの視聴に何時間使っていますか？

これらにかなりの時間を取られている人は要注意です。

ムダな習慣を見直すために、1日の終わりに、その日やったことを書き出してみることを一週間続けてみましょう。

一日の行動記録を可視化すると、ムダな時間が見つかるはずです。

コツ② やりたくないことに「NO」を言う

すべての頼まれ事を引き受けていたら、時間はいくらあっても足りません。他の人がやるべきこと、今日しなくてもいいことについて、強い気持ちで「NO」を言いましょう。

「引き受けないと、あとでどうなるかわからない」という不安は、だいたい当たりません。

はっきり「NO」と言える人が、プチ起業では成功していきます。

コツ③ 80点でよしとする

「これが当たり前」と思っていることを徹底的に見直すと、ムダが見つかります。

「いつも100点を目指さなければならない」と教え込まれたのは昔のこと。

今は、要領良く80点くらいがちょうどいいのです。

エネルギーは完璧を目指すためではなく、自分の成長のために使いましょう。

コツ4 人に頼む

無意識に「私がやらなければ」と思っていることを人に頼むことができたら、時間は生まれます。

すべてのことを自分でやる必要はありません。

親でもきょうだいでもパートナーでも、上司でも部下でも、先輩でも後輩でも、頼める人にはどんどん助けてもらいましょう。

コツ5 「時間をお金で買う」感覚を身につける

お金はとても便利なもので、時間を買うこともできます。

忙しくて掃除機がかけられないなら、お掃除ロボットを買えば時間が浮きます。家事代行サービスを頼めば、プチ起業のための時間が確保できます。子育ても、シルバー人材センターにお手伝いを頼むことだってできるでしょう。

時間は命です。自分にしかできないこと、自分がやりたいことに時間を使っていきましょう。

考え方❸ 自分に考える暇を与えない

実業家として有名な斎藤一人さんが、とある講演でおっしゃっていました。

「人は暇になると心配する生き物なのです」

不安は、人間にもともと備わっている機能です。「人は不安になりやすいものだ」と割り切って、上手に付き合っていくことが大切です。

斎藤一人さんは、不安や心配に対してこんなシンプルな解決策を出しています。

「暇になると余計なことを考えるので、常に自分を忙しくさせていなさい」

人は、暇になると良くないことばかり考えます。ネガティブなニュースも耳に入りやすくなります。

私も、独立して起業したばかりの頃は、不安が荒波のように押し寄せてきて、朝起きると寝汗でびっしょりになっていました。

そんな状況を乗り越えたくて、自分自身を分析しました。そして気づいたのです。**不安になるのは、前に進んでいないと感じているとき、あるいは、やるべきことが明確に見えていないときだ**ということに。

そこで、常に3ヶ月先くらいまでの体験会や講座の予定を決めて、それに向けて毎日やることを決めていきました。そして、学ぶことをやめないためにたくさんの本を購入して、時間を見つけては読むようにしました。

「次に何をすればいいんだろう?」なんて考える暇を自分に与えない。

そうやって一つひとつのタスクをこなしていくことで、不安はどこかへ吹き飛んでいきます。

考え方④ 何もしたくないときは単純作業に没頭する

「この1ヶ月は気持ちが落ち込んで、何もできませんでした」

この言葉を、何人ものプチ起業家さんたちから聞いてきました。

しかし私はいつも、

「本当は、何もしなかったわけではないのでは？」と思っていました。

家事や育児をしたり、買い物をしたり友人とランチをしたり、パートに出たり、テレビを見たり、何かしらしていたはずです。

「何もできなかった」とは、プチ起業にまつわることを、「やらなくてもいいことに分類していた」ということです。会社やお店で働いていて、「何もできませんでした」という言い訳はできませんよね。

しかし、プチ起業では、何もしなくても困るのは自分だけです。

つまり、**自分でモチベーションを上げない限り、成果は出ない**のです。

モチベーションを維持するためには、毎日、または週に1回、その日、その週にやったことをレポート形式でまとめてみてください。

そこに、数字も書き込んでいきましょう。例えば、Facebookの投稿数や、「いいね！」の数、友達の増減などを書き出してみるのです。

後日、そのレポートを読み返すと、「私ってよくがんばってる！」と思えてモチベーションも上がります。

人間ですから、何らかの理由で身動きが取れなくなるときはあります。

そんなときは、**慣れ親しんだ単純作業に没頭するのが一番です。**

「Facebookだけは、毎日1回投稿するぞ」

「友達リクエストだけはするぞ」

「『いいね！』だけは押すぞ」

と自分に約束して、それさえ守れば、少しずつまた動き出せるようになります。

うまくいかなくて落ち込んだときも、打ちひしがれたときも、少しでも「前に進んでいる」「昨日よりも前進した」と感じられれば、またがんばれます。

それを見せてくれるのが数字なのです。

考え方❺ 習ったことはすぐに試す

「これって受け入れられるのかな？」

「私のサービスを受けたい人って、どれくらいいるだろう？」

「どんなキャッチコピーにしたら目を引くかな」

「いくらだと買いやすいだろう」

プチ起業では、こんなふうに一人で考えていても正解はなかなか出ません。考えるよりも、ひとまず体験会を開いて参加者からフィードバックをもらったほうが、早く正解にたどり着けます。

大事なのは、**完璧を求めることではなく、失敗ありきでまずはやってみることです。**

私が、ライフコーチになるためにアメリカのある講座に参加していた頃、アメリカ人の同期が10名ほどいました。そのうちの数名と親しくしていたのですが、なんと彼らは、講座を卒業した翌日から、ライフコーチとしてビジネスを開始したのです。

「だって、仕事にするために講座を受けたんだから、すぐにスタートしないと。それに、やってみなきゃわかんないことだらけだしね」

まさにその通り。

「何とかなるに違いない」という彼らの楽観的な姿勢に勇気づけられました。

一方、私がライフコーチとしてスタートしたのは、卒業して5年も経ってから。5年も経つと習ったことは忘れていて、教材と手書きの汚いメモを読み返しては四苦八苦することに……。学んだ知識やスキルはすぐに使わないと、学ぶために費やした時間もお金もムダになるのだと反省しました。

走りながら考えて、勢いよく試行錯誤を重ねる人が、早く軌道に乗れるのです。

考え方6 「売る」＝「愛のお裾分け」と考える

月に5万円稼ぐためには、「売る」という行為は必要不可欠です。

ところが、売ることに抵抗を感じる人は実に多い。

お金をいただくことに対して、人はなぜか罪悪感を覚えます。特にプチ起業を始めたばかりの頃は、「自分のような素人がお金をいただくなんて」と萎縮《いしゅく》しがちです。

せっかく体験会でお客様に高評価をいただいても、「押し売りはしたくない」「ガツガツしていると思われたくない」「断られたらどうしよう」などの思いが、本商品に誘導するのをじゃましてしまいます。

そんな状態にならないために、「自分の価値」をじっくりと考えてみることです。

初心者のうちは、自分の価値を低く見積もりがちですが、みなさんは「人生経験」という大きな資産を持っています。このことを忘れないでください。

プチ起業のために今まで自分が投資してきた時間やお金を、どんなに小さなことでもいいから可視化してみましょう。

「売る」ということは、おすすめすること、案内すること、紹介することです。

それは、**お客様の人生を変えることでもあります。**

目の前のお客様が幸せな未来を過ごすために、みなさんができることは必ずあります。

みなさんは生きる中で時間やお金をかけて、幸せになるための方法を獲得してきた。その方法を伝えること、つまり売ることは、「愛をお裾分けする」ということなのです。

考え方❼ 自分で自分に許可を出す

売ることへの罪悪感や恐怖心をたどっていくと、お金に対してのネガティブマインドに行き着きます。

例えば、「お金持ちは、人を蹴落として成功した悪い人だ」「お金儲けは汚い」「お金が欲しいと口にするなんて強欲だ」というネガティブマインドを抱いていると、売ることや、お金を受け取ることに罪悪感を覚えます。

どんなに「豊かになりたい」「お金が欲しい」と思っていても、心の深いところでそれを否定していては、お金に対するネガティブなイメージは払拭《ふっしょく》できません。

アメリカの大富豪の教えを書いた『思考は現実化する』（ナポレオン・ヒル著　田中孝顕訳、きこ書房）という書籍をご存じでしょうか？

タイトル通り、考えたことがそのまま現実になることを説いたことで有名な成功哲学書です。

「お金は汚いもの」「お金持ちはずるい人」「ビジネスを成功させるのは、はしたないこと」と思っていると、その通りの現実が引き寄せられてしまいます。

そこで私は、プチ起業が軌道に乗らずに悩んでいる人には、**「『ある』にフォーカスしましょう」**とお伝えしています。

「お金は世の中にたんまりある」

「お客様も世の中にたくさんいる」

「売るべき価値のあるものが、私の内側にはある」

「私には必要な能力がある」

「応援してくれる人たちがいる」

こんなふうに「ある」を挙げていってもらいます。

「私はお金持ちになっていい」

「私は豊かになっていい」

「幸せになっていい」

「能力を開花させていい」

「目立っていい」

と自分に許可を出していってください。

豊かさとは、永遠に枯れない泉のようなものです。その泉から誰かが少し水をすくったからって、枯渇《こかつ》することはありません。

考え方❽ 余計な回り道をしない

プチ起業がうまくいかない人の中には、周辺のあれこれに時間とお金を使っている人がいます。

そのことを説明するとき、私はキャンプファイヤーにたとえます。炎に飛び込むことがプチ起業なのに、うまくいかない人は、炎の周りでひたすらフォークダンスを踊っているのです。

例えば、準備は終わって、あとはFacebookで告知して体験会を開くだけなのに、「もう少し別の講座に通ってレベルアップしないと」「ビジネスを始めるのは来年にする」と、やらない理由を作り上げては、先延ばしにするのです。

SNSはFacebookだけでいいと言っているのに、「ブログもがんばらないと」「YouTubeを始めるために動画編集の講座に通おう」と考える人がいます。今やらなくてもいいスキルアップや人付き合いを続けても、「月にあと5万円」には近づきません。


「告知してたくさんの人に見られたくない」

「『何様なの？』って思われたくない」

「イベントに誰も来なかったらどうしよう」

「ちゃんと段取りがうまくいくだろうか」

「すごい人が来たらどうしよう」
「お客様がたくさん来て忙しくなりすぎたらどうしよう」

プチ起業初心者さんは、こんな不安がしょっちゅう頭に浮かびます。でも、大丈夫。その不安のほとんどは起こりません。余計な回り道はやめて、思い切って炎に飛び込みましょう！

考え方9 心の中で「思ったこと」が現実になっていることを知る

「鏡の法則」というものがあります。世界は映《うつ》し鏡のように、心の中で思ったことが現実に起こります。

例えば、「お客様と接するのが怖い」と思うと、それが現実になりますし、「お客様の手助けをしよう」と愛情を持って接すれば、お客様からも愛情が返ってくるようになります。

私はもともと内向的な性格なので、起業した当初はよく、アンケート用紙に、「もっと自信を持ってほしい」「会場の後ろばかり見ていてうわの空でしたね」「早く本題に入ってほしかった」と書かれていました。

5段階評価の2をつけられて落ち込んだこともあります。当時は、お客様ではなく、自分のことばかり気にしていました。

私は、プチ起業家さんに『反応しない練習』（草薙龍瞬著、KADOKAWA刊）という書籍をおすすめしています。なぜなら同書のなかに「慈悲喜捨《じひきしゃ》」という考え方がわかりやすく説明されているからです。

「慈（じ）」は、慈しみの心
「悲（ひ）」は、哀れみの心
「喜（き）」は、他者のことを喜ぶ気持ち
「捨（しゃ）」は、偏《かたよ》った心がない中庸《ちゅうよう》な状態

プチ起業では、素直な心でお客様のありのままの姿を見る目を養わなければなりません。お客様が抱えている痛み、苦しみ、つらさをありのままに見る。それができなければ、ビジネスで結果を出すことはできません。

年を重ねるにつれて人は丸くなりますが、それはたくさんの経験をして、物事をおおらかに、多角的に見られるようになるからです。プチ起業では、そのおおらかさが求められます。

人を見て自分と比べない。
人の言動に一喜一憂しない。
人のことを安易に批判しない。
相手が望んでいないことをしない。

「人が怖い」のは、自分の感情や思考ばかりに意識が向いているということです。
「慈悲喜捨」の教えを胸に、お客様を慈愛《じあい》の眼差しで見つめてくださいね。

考え方⑩ 思い通りにならないときに自分にかける効果的な「6つの言葉」

「体験会の告知をしたのに、申し込みがなかった」

「Facebook で何を投稿したらいいのかわからなくなってしまった」

「体験会で満足いただけたはずなのに、本商品に申し込みがなかった」

一生懸命がんばっているのに結果が伴わないのは、とてもつらいものです。

売れている人はどんどん先に進んでいるのに、それに比べて自分は……と落ち込んでしまう気持ち、よくわかります。

私も、会社の社長をしていたときは300人規模のセミナーをしても余裕だったのに、一人起業を始めた途端、たった10人のセミナーでも怖じ気づいて声が出なくなったり、目の焦点が定まらなくなったりしたことがあります。

しかし、落ち込んでいても状況は良くなりませんし、プチ起業に限らず、人生の多くの場面では、思い通りにいかないことのほうが多いものです。

私は、**「失敗は存在しない。すべては現実からのフィードバックだ」**と考えています。

やってみなければ、どんな反応が返ってくるかはわからない。だから、とにかくやってみる。そして反応を見る。結果が伴わなければ改善点を考えてやり直す。その繰り返しが成功へとつながると確信しています。

そして「うまくいかない自分」にがっかりしたときは、次の言葉を使わないようにしてみてください。


「やっぱりまたダメだった」

「どうせ私にはできっこない」

「なんでいつもダメなんだろう」

「あの人はあんなにできているのに」

「きっと無理に違いない」

「経験不足だし、頭悪いし、年だし」

その代わりにこんな言葉を使います。


「わー、こんなに学べた！」

「やったね、これで一歩前進」

「失敗じゃない。うまくいかない方法を見つけただけ！」

「よーし、次、次！」

「最初からうまくいくわけないもんね！」

「私は何もしない人ではない」


鏡の中に映る自分に真正面から向き合って、目を見て言うと効果的です。誰よりも自分自身が、自分の最高の応援団ですから。

考え方⑪ 一緒に学ぶ仲間をつくる

新しいことにチャレンジすると、心が折れそうになる瞬間が必ずあります。そのようなとき、仲間がいると心強いものです。

私は、起業してから5年間は、グループで学ぶような場所には参加せずにいました。何を隠そう、仲間をつくることが苦手でしたし、内向的な性格ゆえにグループにも飛び込めなかったのです。

ですから、オンライン教材を購入して一人で学んだほうが、自分には向いていると信じていました。しかし、のちにそれは間違っていたと思い知ることになりました。

その結果、起業をして5年が経った頃、伸び悩むようになりました。アメリカの教材を使っていたから、日本の市場のことがいまひとつわからずにいたのです。そこで、人からすすめられたグループ形式の講座に参加してみることにしました。

そこで学んだことはビジネスでとても役に立ったのですが、それ以上に役に立ったのが、私がこれまで軽視してきた「仲間の存在」でした。

仲間ができたことで、自分が今どのレベルで、何が足りないのかが浮かび上がってきました。

少しモチベーションが下がってきても、「仲間もがんばっているから」と踏ん張ることもできました。そして何よりも、仲間といることが楽しかったのです。

同じ時間を共有し、切磋琢磨して、応援の言葉をかけ合い、成功も失敗も包み隠さず共有し合う。

そうやって仲間とゆるやかにつながり始めたら、「自分はもしかしたら、今まで孤独だったのかもしれない」「もっと早く、人の輪に飛び込んで仲間を作れば良かった」と感じるようになりました。

そして気づいたのです。私がこれまで提供してきた商品は、どれも1対1の個人セッション型だったけれど、複数参加型の講座のほうが、お客様にとっても良いのかもしれない、と。

それからというもの、私が提供する商品はすべて、複数参加型になりました。すると、お客様もスピーディーに成果が出るようになってきたのです。

もしみなさんが、一人でプチ起業をすることに不安を感じるなら、仲間を求めてFacebookグループや複数参加型の講座に参加してみると、心が軽くなっていくはずです。コミュニティを選ぶときは、

次の3つのチェックポイントに、すべて「YES」の答えがつけられるものを選びましょう。

①心理的に安心・安全なコミュニティですか？
②チャレンジを奨励していますか？
③応援し合う文化はありますか？

講師はもちろん、受講生同士で攻撃し合ったり、批判し合ったりするようだと、落ち着いて自己開示ができません。

チャレンジを奨励し、称え合う関係はあるか？

お互いに応援し合う文化があるか？

それを踏まえたうえで、仲間を見つけることができたら、みなさんのプチ起業はさらに飛躍していくはずです。ぜひ仲間を見つけてみてくださいね。

著者略歴

上野ハジメ（Hajime Ueno）

プレミアライフデザイン協会代表／ライフコーチ／プチ起業コーチ

1980年代から10年間ほど、バブル全盛の広告業界で働いた後、1994年にハワイに移住。MBA（経営修士号）を取得し、マーケティング会社の副社長に就任。2001年、ウェブメディア&雑誌事業運営会社の社長・編集長に就任。赤字1億円のスタートアップをわずか3年で黒字化に導く。

2011年LAに移住し、世界No.1規模の在住日本人向け情報誌の社長・編集局長に就任。日米5拠点50名の社員と5億円事業を展開。

性別や年齢を問わないフラットな社会で多様な価値観に触れ、ゲイであることをオープンにしながらコミュニティリーダーとして活躍。女性やマイノリティの可能性を引き出しエンパワメントするエキスパートとなる。

2014年ライフコーチとして独立。2018年からは全米移住率No.1のテキサス州ダラス郊外都市に拠点を移し、最高月商1700万円の講座ビジネスを展開。人気講座は、月5万円の収入を実現するプチ起業入門者用「マイベイビーステップ」、使命を知って自分らしい未来をデザインする「未来ミッション実現アカデミー」、コピーライティング脳を瞬速でインストールして集客・販売の悩みを解決する「瞬コピ」ほか。

2022年「プレミアライフデザイン協会」設立。QOL、ウェルビーイング、上質で自分らしい、物心両面の豊かさ実現を提唱している。

3ヶ月で自然と月5万円稼げるようになる
世界一やさしい「プチ起業」の教科書

2023年12月13日　第1刷発行
2024年 4 月17日　第2刷発行

著者　上野ハジメ
発行者　鈴木勝彦
発行所　株式会社プレジデント社
〒102-8641　東京都千代田区平河町2-16-1
https://www.president.co.jp/
電話　編集(03) 3237-3732
販売(03) 3237-3731

装幀　池上幸一
企画・編集　越智秀樹　越智美保　小笠原綾伽（以上、OCHI企画）
編集担当　岡本秀一（プレジデント社）
DTP　白石知美　安田浩也
制作　関 結香
販売　桂木栄一　高橋 徹　川井田美景　森田 巌　末吉秀樹　庄司俊昭　大井重儀
印刷・製本　萩原印刷株式会社

ISBN 978-4-8334-2519-3

本書をお読みいただいたあなたへ

感謝の気持ちを込めた
「特典動画」プレゼントのご案内

本書をお読みいただいたあなたへ
著者・上野ハジメより、感謝の気持を込めて
「特典動画」プレゼントを用意しました。
ぜひ、「プチ起業」にご活用ください。

プレゼント内容

① Zoomの参加者に一目置かれるようになるコツ
② 素人でも一瞬で素敵なデザインができるCamvaの使い方
③ 基礎からわかるFacebookの始め方、
魅力的なプロフィールのつくり方

詳細は、右のQRコードよりアクセスください。
https://academy.pld-usa.com/p/puchikigyo

◎特典の配布は予告なく終了することがあります。予めご了承ください。
◎動画は、インターネット上のみでの配信となります。
◎この「特典動画」プレゼントは、上野ハジメが実施するものです。
お問い合わせは、https://academy.pld-usa.com/p/puchikigyoまでお願いいたします。